本书出版得到天津外国语大学"十三五"综合投资规划"天外法政学术精品培育计划"项目的资助。

青年学者文库

智利早期现代化研究

（1879—1932年）

曹龙兴　著

天津出版传媒集团

天津人民出版社

图书在版编目（CIP）数据

智利早期现代化研究：1879—1932年 / 曹龙兴著
. -- 天津：天津人民出版社，2019.9
（青年学者文库）
ISBN 978-7-201-15278-3

Ⅰ.①智… Ⅱ.①曹… Ⅲ.①现代化研究—智利—
1879-1932 Ⅳ.①D778.4

中国版本图书馆 CIP 数据核字（2019）第 206079 号

智利早期现代化研究（1879—1932 年）
ZHILI ZAOQI XIANDAIHUA YANJIU

出　　版	天津人民出版社
出 版 人	刘　庆
地　　址	天津市和平区西康路35号康岳大厦
邮政编码	300051
邮购电话	（022）23332469
网　　址	http://www.tjrmcbs.com
电子信箱	reader@tjrmcbs.com
责任编辑	王佳欢
封面设计	明轩文化·王烨
印　　刷	天津旭丰源印刷有限公司
经　　销	新华书店
开　　本	710毫米×1000毫米　1/16
印　　张	14
插　　页	2
字　　数	180千字
版次印次	2019年9月第1版　2019年9月第1次印刷
定　　价	72.00元

目录
CONTENTS

绪 论

自20世纪90年代以来,智利已经成为拉美国家现代化的佼佼者,其特点是:①经济持续稳步增长,建立了比较完善的市场经济体制。近30年来,智利国内生产总值的增速高于拉美地区的平均水平,其人均国内生产总值居拉美国家第二位。智利的综合竞争力、经济自由化程度、市场开放度、国际信用等级均位列拉美国家首位,政府部门管理较为公开、透明。②顺利实现了由威权主义体制向民主体制的平稳过渡,政局长期保持稳定。自1990年文人政府取代皮诺切特军政府之后,中左翼政党组成的执政联盟连续执政20年,2010年之后中左翼政党和中右翼政党轮流执政。政府更迭平稳顺利,并长期保持国家经济政策的连续性。③注重社会领域的改革与发展,实现了经济包容性增长。历届政府都努力减少失业和消除贫困,增加教育和医疗投入,重视环境保护。智利的贫困率已经降至拉美国家的最低水平,人类发展指数居拉美国家首位,污水处理率超过一些发达国家水平。④积极开展具有建树性的经济外交,成为全球最开放的经济体之一。智利已经同世界上六十多个国家签署了二十多个自由贸易协定,是第一个承认中国完全市场经济地位、同中国签署双边自由贸易协定、同中国签署自贸协定升级议定书的拉美国家,并与中国签署了共建"一带一路"合作谅解备忘录。智利现代化的"奇迹"引起了学术界的热议,被誉为跨越"中等收入陷阱"、未染"拉美病"的典范。但这些研究大多关注当代问题,而较少追溯智利现代化的早期历程。为了从历史视角深入认识智利现代化道路的特点,本书将智利早期现代化作为研究对象,梳理智利现代化启动阶段的历史脉络,并分析其对后世的影响。

一、选题目的与意义

1870—1930 年是拉丁美洲的早期现代化阶段,其主要特征是初级产品出口带动的早期工业化及其他领域的变化,智利是这一历史进程的重要参与者。1879—1884 年的太平洋战争之后,智利兼并了阿塔卡马沙漠的硝石产区,并征服了南方的阿劳卡尼亚农业区。新增领土的资源开发启动了一个长达半个世纪的经济增长周期,进而推动了智利由传统社会向现代社会的初步转变,是为智利早期现代化时期,即 1879—1932 年。

本书选择智利早期现代化作为研究对象,试图探讨智利由传统社会向现代社会过渡时所发生的经济社会形态变化,研究这样一个课题具有重要的学术价值和现实意义。

首先,国内的拉美现代化研究方兴未艾,但侧重于当代历史阶段,拉美早期现代化研究有待进一步深化。自 20 世纪 80 年代末期开始,我国学术界就注重从现代化视角去透视拉美的历史发展进程,并逐渐形成了以现代化为主题的基本研究趋势。相关研究侧重于进口替代工业化启动后的历史问题,而早期现代化的研究尚处于起步阶段,虽然已经出现了多篇关于这一问题的学术论文,但仍需要在国别研究中继续加以深化。

其次,智利是拉美早期现代化的典型国家,选择其作为个案研究,有助于深化对拉美现代化阶段性特征的认识。智利在拉美早期现代化研究中具有典型意义，主要表现为：①拉美早期现代化的主要动力是初级产品出口，并形成了温带农产品、热带农产品和矿产品三类出口国家。智利是矿产品出口国家的代表，其早期现代化高度依赖硝石经济，有"硝石时代"之称；②拉美早期现代化的主要特征为早期工业化，智利早期工业化的发展程度较高，不仅初步建立了现代制造业部门，而且出现了推动工业化的社会组织、有利于工业化的关税和货币政策；③拉美早期现代化的深层次变化体现在社会结构、政治制度和意识形态等领域，智利在这些方面的变化都比较突出，如中产阶级和工人阶级的崛起、社会立法和宪政改革、现代教育的普及和大众文化的兴起，等等。因此，选择智利作为个案，有助于深化对拉美现代化一致性和多样性的认识，并追溯拉美当代发展问题的历史根源。

再次，有关智利早期现代化的争论颇多，需要实证分析给予验证。如在1880—1930年智利经济增长是否导致结构性变革的问题上，20世纪初的智利民族主义学者、二战后的结构主义学者和依附论学者都持否定立场，认为这只是一个依附性增长的出口周期，并未带来工业化和其他制度变革。而有些学者则高度评价该时期智利的发展成就，认为出口部门并未羁绊国内制造业的发展，而且传统的农业部门也开始进行现代化。作为一个从传统社会向现代社会转变的起步阶段，智利的早期现代化具有很强的复杂性，相关结论需要系统的实证研究加以证明。

最后，研究智利早期现代化对中国的改革与发展具有重要的借鉴意义。拉丁美洲是现代化的"实验室"，积累了丰富的探索和建设现代化的经验和教训。尽管智利和中国的国情差异很大，但他们同属于后发现代化国家，前者的历史经验和教训可以为我国的现代化建设提供借鉴，体现在如何利用外国资本和市场、如何处理转型时期的经济社会矛盾、如何在转型时期推动文化教育发展等方面。这是本书的现实意义所在。

二、国外学术界对智利早期现代化的研究

国外学者着重探讨智利早期现代化进程中的结构性变化，并由此衍生出早期工业化、农业变迁、早期城市化、政治制度变革和文化思潮转变等一系列学术焦点问题。

(一)早期工业化

智利早期工业化问题主要包括其起点、动力和评价等内容,是智利早期现代化研究中最受关注的领域,也因理论方法的差异而产生诸多学术争论。

1. 智利早期工业化的起点

智利早期工业化的起点主要包括大萧条、第一次世界大战、太平洋战争和19世纪60年代等学说。结构主义和依附论学者将大萧条视为拉美工业化的起点,强调1930年前的拉美国家不存在工业化的两个必要条件,即工业与出口部门相分离、国家保护和扶持民族工业。具体到智利案例,结构主义学者阿尼瓦尔·平托·圣克鲁斯认为,1930年前的智利制造业弱小且缺乏活力,政府在保护工业方面鲜有建树,真正的工业发展要迟至大萧条之后。[①]依附论学者费尔南多·恩里克·卡多佐和恩佐·法勒托提出,智利的硝石产业是飞地[②]经济,1929年的硝石危机迫使政府采取发展工业的举措, 如外汇管制迫使进口部门将资金转向国内投资, 并由此建立起替代进口品的本国工

---

① See Aníbal Pinto Santa Cruz, *Chile：un caso de desarrollo frustrado*，Santiago de Chile：Editorial Universitaria，1959，p.49.

② "飞地"(enclave)在经济学中指依赖世界市场,和国内市场联系较少的出口部门,多为发展中国家的农矿业出口部门。

业部门。①随着研究的深入，学术界逐渐将智利工业化的起点上溯到 19 世纪。早在 1948 年，J.弗雷德·里庇和杰克·法伊弗就撰文介绍了 19 世纪的智利制造业，但并未涉及工业化起点的理论问题。②此后，里卡多·拉戈斯·埃斯科瓦尔也对 19 世纪的智利工业进行了关注。③奥斯卡·G.穆尼奥斯则将智利工业发展的起点前推至第一次世界大战。④亨利·W.基尔希认可 19 世纪中期智利就已存在工厂的事实，但他强调，工业化是一个持续的历史进程，而在智利开启这一进程的是 1879—1884 年的太平洋战争。⑤太平洋战争起源说的影响很大，但也遭到了一些学者的质疑。路易斯·奥尔特加·马丁内斯开创了 19 世纪 60 年代起源说，他提出，在 19 世纪中期的农矿业出口扩张、铁路修建和城市人口增加的带动下，智利在太平洋战争前就建立了一个规模很大且具有现代特征的工业部门，可视为智利工业化进程的第一阶段。⑥与之相似，加布里埃尔·帕尔马将智利工业化的起点定在 19 世纪 60 年代晚期至 70 年代早期。⑦

---

① 参见［巴］费尔南多·恩里克·卡多佐、恩佐·法勒托：《拉美的依附性及发展》，单楚译，世界知识出版社，2002 年，第 93~97 页、第 131~133 页。该书的西班牙文第一版于 1971 年发行。

② See J. Fred Rippy and Jack Pfeiffer, Notes on the Dawn of Manufacturing in Chile, *The Hispanic American Historical Review*, Vol.28, No.2 (May, 1948), pp.292–303.

③ See Ricardo Lagos Escobar, *La industria en Chile: antecedentes estructurales*, Santiago de Chile: Universidad de Chile, 1966.

④ See Oscar G. Muñoz, *Crecimiento industrial de Chile, 1914–1965*, Santiago de Chile: Universidad de Chile, 1968.

⑤ See Henry Kirsch, *The Industrialization of Chile, 1880–1930*, Unpublished Ph.D. Dissertation, University of Florida, 1973. Henry W. Kirsch, *Industrial Development in a Traditional Society: the Conflict of Entrepreneurship and Modernization in Chile*, Gainesville: University Press of Florida, 1977.

⑥ See Luis Ortega Martínez, Acerca de los orígenes de la industrialización chilena, 1860–1879, *Nueva Historia*, Vol.1, No.2 (1981), pp.3–54.

⑦ See Jose Gabriel Palma, *Growth and Structure of Chilean Manufacturing Industry from 1830 to 1935: Origins and Development of a Process of Industrialization in an Export Economy*, Unpublished Ph.D. Dissertation, Oxford University, 1979.

2. 智利早期工业化的动力

智力早期工业化的动力主要强调硝石出口部门和国家政策的推动作用。亨利·W.基尔希将战争的军需刺激、财政政策、人口增长、铁路修建、农矿业的关联效应等因素视为智利工业化的动力。①威廉·F.萨塔尔探讨了太平洋战争的经济影响,认为战争间接促进了工业发展:一是兼并的领土成为国内制造业的新兴市场;二是硝石财政收入推动了公共工程建设,进而增加了本地产品的消费。②卡门·卡里奥拉·萨特和奥斯瓦尔多·松克尔反对"硝石产业是飞地经济"的观点,强调了硝石矿区市场对国内其他经济部门和区域发展的推动作用,把军需刺激、硝石经济增长、国家的经济政策等视为该时期工业化的重要前提。③加布里埃尔·帕尔马则认为,硝石产业的关联效应其实并不大,对铁路以外的经济活动的刺激作用也很有限,而1930年前的关税政策和汇率政策却有效地保护了民族工业的发展。④

3.智利早期工业化的评价

智利早期工业化的评价以保守评价居多,强调其局限性。亨利·W.基尔希系统总结了智利早期工业化的局限性:资本品、原料和中间产品依赖进口;土地寡头投资工业,并融合了移民企业家,使得工业发展受到传统价值观和旧制度的羁绊;工业部门不能有效吸纳日益增加的劳动力;少数现代大

①　See Henry W. Kirsch, *Industrial Development in a Traditional Society:the Conflict of Entrepreneurship and Modernization in Chile*, Gainesville:University Press of Florida, 1977, pp.5–15.

②　See William F. Sater, *Chile and the War of the Pacific*, Lincoln:University of Nebraska Press, 1986, pp.115–124.

③　See Carmen Cariola Sutter y Osvaldo Sunkel, *La historia económica de Chile, 1830–1930:dos ensayos y una bibliografia*, Madrid:Ediciones Cultura Hispánica del Instituto de Cooperación Iberoamericana, 1982.

④　See Gabriel Palma, Trying to 'Tax and Spend' Oneself out of the 'Dutch Disease':The Chilean Economy from the War of the Pacific to the Great Depression, in Enrique Cárdenas, José Antonio Ocampo and Rosemary Thorp, eds., *An Economic History of Twentieth–Century Latin America*, Volume Ⅰ, New York:Palgrave Macmillan, 2000, pp.217–264.

企业与大量传统小工厂或作坊并存,使得现代化没有惠及整个工业部门;工业也因此没有成为推动国民经济发展的"增长极"。①马尔切洛·卡尔马尼亚尼指出,智利的早期工业并未获得严格意义上的"发展",这源于不合理的国际分工体系。他认为,出口部门一直是智利经济的重心,工业的出现主要是为了弥补国际收支逆差,而且集中于非耐用消费品部门,难以自动转向耐用消费品和资本品的生产;由于外资抽走利润,加之本土的大庄园主很少进行生产投资,智利的资本形成率很低,进而影响了工业生产。②芭芭拉·德沃斯·埃萨吉雷反对将工业化与现代化等同起来。他强调,尽管 19 世纪末期的智利工业已经具有资本主义特征,而且出现了工业利益集团,但其发展模式是带有缺陷的,即工业发展由传统的统治阶层所主导,并没有导致深刻的社会变革。③但也有学者高度评价智利早期工业化的成就,如加布里埃尔·帕尔马认为,智利经济自一战后就已步入进口替代工业化阶段,本土制造业在 1925年占据了国内非耐用消费品市场的 85%,耐用消费品、中间产品和资本品市场的 35%。④

(二)农业变迁

农业变迁是智利早期现代化研究的重要经济问题,主要包括土地制度、劳动制度和农业生产率等内容。

---

① See Henry W. Kirsch, *Industrial Development in a Traditional Society: the Conflict of Entrepreneurship and Modernization in Chile*, Gainesville: University Press of Florida, 1977, pp.152–159.

② See Marcello Carmagnani, *Desarrollo industrial y subdesarrollo económico: el caso chileno (1860–1920)*, Traducción de Silvia Hernandez, Santiago de Chile: Dirección de Bibliotecas, Archivos y Museos, 1998, pp.165–172.该书的意大利文第一版于 1971 年发行。

③ See Bárbara de Vos Eyzaguirre, *El surgimiento del paradigma industrializador en Chile, (1875–1900)*, Santiago de Chile: Dirección de Bibliotecas, Archivos y Museos, 1999, pp.93–96.

④ See Cabriel Palma, *Chile 1914–1935: De economia exportadore a sustitutiva de importaciones*, *Colección Estudios CIEPLAN*, *No.81, Marzo de 1984*, pp.61–88.

1. 土地制度

土地制度关注大地产制的变化。乔治·麦克卡琴·麦克布莱德记载了 20 世纪初智利土地制度的变化,部分大庄园被分割和租赁,商品农业促进自由小农的发展;政府开始通过立法和拓殖的方式进行土改尝试。[①]琼·博尔德和马里奥·贡戈拉将 1880 年视为中央谷地大庄园发展史的分水岭,认为之前为大庄园形成和巩固的时期,之后为大庄园地产由稳定走向分割的阶段,并将人口压力和家庭结构松弛、农业技术进步、新的信贷方式与官方拓殖、市场波动与城市化等归为潘戈谷地大地产分割的因素。[②]何塞·本戈瓦强调了 1879—1929 年智利土地结构变化的区域差异:在大地产势力根深蒂固的中部地区,农业生产专业化推动了部分大庄园的分割;在大地产势力薄弱的南方地区,小麦出口衰退造成的小农破产、拓殖小农遭受排挤、拓殖区的土地投机、印第安人集体土地遭侵吞等因素导致了土地兼并和新的大庄园形成。[③]布赖恩·洛夫曼认为,尽管 1931 年前智利的土地制度并无实质性变化,但国家关于乡村地产的法律制度已经发生重大转变:1925 年宪法规定政府负有分割乡村地产和建立家庭农场的义务,1925 和 1928 年颁布的法令授权政府对开发不足的乡村地产课以重税或有偿征用。[④]

2. 劳动制度

劳动制度关注劳役佃农制的变化。乔治·麦克卡琴·麦克布莱德观察到,随着庄园主移居城市、工人运动波及乡村,20 世纪初,智利劳役佃农对庄园

---

① See George McCutchen McBride, *Chile: Land and Society*, New York: American Geographical Society, 1936.

② See Jean Borde y Mario Góngora, *Evolución de la propiedad rural en el Valle de Puangue*, Tomo I, Santiago de Chile: Universidad de Chile, 1956, pp.89-144.

③ See José Bengoa, *Historia social de la agricultura chilena*, Santiago de Chile: Ediciones SUR, 1990.

④ See Brian Loveman, *Struggle in the Countryside: Politics and Rural Labor in Chile, 1919-1973*, Bloomington: Indiana University Press, 1976, pp.23-29.

主的依附关系开始松弛。①克里斯托瓦尔·凯认为,1900—1930 年是智利劳役佃农制由稳定走向解体的过渡时期:智利大庄园在该时段增加耕地面积,也就相应地追加固定于土地上的劳役佃农数量;但自 20 世纪 20 年代晚期开始,大庄园的耕地面积停止增长且农业机械化水平提高,大庄园主开始用工资劳动力取代劳役佃农,使后者出现了"无产阶级化"现象。②何塞·本戈瓦的观点与之相反,他认为,劳役佃农制在 1879—1929 年确实受到商品货币经济的影响,但农业劳动力的雇佣化趋势在大萧条后就停止了,传统的劳役佃农制因农业衰退而得到巩固并延续到土地改革前夕。③布赖恩·洛夫曼提出,1931年前智利劳工部和内政部已经介入到乡村劳资纠纷中,1924 年颁布的社会保险法也被引入乡村,这至少在法律层面触动了传统的大庄园劳动制度。④

3. 农业生产率

关于农业生产率出现停滞论与增长论两种对立的学术观点。停滞论的主要依据是智利小麦种植业的衰退。弗朗西斯科·A.恩西纳提出,受优质土地开发殆尽、因竞争导致的国际粮价下跌等因素的影响,智利农业在 1873年后失去发展的活力,其在国家经济中的主体地位也被新兴的硝石产业所取代。⑤赛尔西奥·塞普尔韦达的研究表明,智利的小麦和面粉出口在经历了

---

① See George McCutchen McBride, *Chile:Land and Society*, New York:American Geographical Society, 1936, p.144, pp.166-167.

② See Cristóbal Kay, The Development of the Chilean Hacienda System, 1850-1973, in Kenneth Duncan and Ian Rutledge, eds., *Land and Labour in Latin America:Essays on the Development of Agrarian Capitalism in the Nineteenth and Twentieth Centuries*, New York:Cambridge University Press, 1977, pp.103-139.

③ See José Bengoa, *Historia social de la agricultura chilena*, Santiago de chile:Ediciones SUR, 1990, pp.7-20, pp.209-217.

④ See Brian Loveman, *Struggle in the Countryside:Politics and Rural Labor in Chile, 1919-1973*, Bloomington:Indiana University Press, 1976, pp.41-49.

⑤ See Francisco A. Encina, *Nuestra inferioridad económica:sus causas, sus consecuencias*, Qinta Edicion, Santiago de Chile:Editorial Universitaria, 1981, pp.123-125, pp.153-154.该书的第一版于 1912年发行。

1844—1874 年的繁荣期之后，于 19 世纪末和 20 世纪初陷入波动和衰退期。[①]
阿尼瓦尔·平托·圣克鲁斯进一步指出，1930 年前智利农业的发展条件优越，
但却没有带来自身的繁荣，也没有在国民经济体系中发挥战略作用，这源于
大庄园制的束缚。[②]

增长论强调智利农业的结构变化。马托·巴列斯特罗斯的研究表明，
1910—1930 年智利的粮食产量有大幅增长，而葡萄酒产量和牲畜数量的增
长更快，该时期的农牧业产量增幅高于人口增长率；智利农业陷入困境的时
期是在大萧条之后，主要变现为农业增长难以满足新增人口的需求。[③]卡门·
卡里奥拉·萨特和奥斯瓦尔多·松克尔论证了国内，尤其是硝石矿区市场扩
大所导致的农业变革，体现在人均生产率提高、单位面积产量增加、农牧业
产品多样化、机械化水平提高等方面。他们还强调，前人之所以对该时期的
农业评价过低，是因为统计数据的缺陷，即政府未统计 1891—1901 年的农
业生产，而 1881—1890 年的数据又经常遗漏一些省份的信息，所以纵向比
较就显示出该时期农业衰退的假象。[④]

(三)早期城市化

早期城市化是社会结构变迁的重要前提之一，该问题的研究集中于早
期城市化的动力和特征两个方面。

---

① See Sergio Sepulveda, *El trigo chileno en el mercado mundial*, Santiago de Chile: Editorial Universitaria, 1959.

② See Aníbal Pinto Santa Cruz, *Chile: un caso de desarrollo frustrado*, Santiago de Chile: Editoral Universioaria, 1959, pp.83–86.

③ See Marto Ballesteros, Desarrollo Agrícola Chileno, 1910–1955, *Cuadernos de Economía*, Vol.2, No.5(1965), pp.7–40.

④ See Carmen Cariola Sutter y Osvaldo Sunkel, *La historia económica de Chile, 1830–1930: dos ensayos y una bibliografia*, Macrid: Ediciones Cultura Hispánica del Insituto de Coperación Iberoamericana, 1982, pp.101–114.

1. 早期城市化的动力

哈罗德·布莱克莫尔认为,1930 年前智利城市的历史演变更多地类似中世纪欧洲城市,而不是类似工业革命时代的城市,它们是商业和贸易、政府和行政等服务的中心,而不是以工厂为主的制造业的城市综合体。[①]卡洛斯·乌尔塔多·鲁伊斯—塔格莱提出,1860—1900 年的智利城市化不是源于硝石收入导致的非生产性部门扩大与农业停滞导致的劳动力转移,而是反映了生产方式的深刻变化,即农矿业经济增长所带动的工业、商业和服务业的发展;1900—1930 年的城市化则是智利经济由外向型的原料生产向基于国内市场的工商业转变的结果。[②]卡门·卡里奥拉·萨特和奥斯瓦尔多·松克尔则坚持,硝石产业在 1880—1930 年智利城市化进程中发挥了重要作用。他们强调,智利政府利用硝石出口税收扩大行政机构、教育系统和公用事业部门,并开展铁路、电报和饮水等公共工程建设,这些新增的就业机会刺激了城市人口增长;硝石产业推动了矿区移民城镇的建立,并通过对外贸易和沿岸贸易的方式促进了中南部港口城市和首都圣地亚哥的发展。[③]

2. 早期城市化的特征

洛斯·乌尔塔多·鲁伊斯—塔格莱概括了 1865—1930 年智利城市化的基本特征:城市人口占总人口的比重大幅度增加,由 1865 年的 22%上升到1930 年的 48%;城市的数量倍增,2000 人以上的城市由 1865 年的 38 个增长到 1930 年的 136 个;区域间、城乡间的人口流动加快了城市化进程;首都

---

① 参见[英]哈罗德·布莱克莫尔:《智利》,哈罗德·布莱克莫尔、克利福德·T·史密斯编:《拉丁美洲地理透视》,复旦大学历史系拉丁美洲研究室、上海师范大学地理系译,上海译文出版社,1980年,第 434~443 页。

② See Carlos Hurtado Ruiz-Tagle, *Concentración de población y desarrollo económico: el caso Chileno*, Santiago de Chile: Universidad de Chile, 1966, pp.57-101.

③ See Carmen Cariola Sutter y Osvaldo Sunkel, *La historia económica de Chile, 1830-1930: dos ensayos y una bibliografia*, Macrid: Ediciones Cultura Hispánica del Insituto de Coperación Iberoamericana, 1982, pp.81-101.

圣地亚哥的扩张速度最快,到 1930 年已成为拥有 70 万人口的全国经济、政治和文化中心。①约瑟夫·L.斯卡尔帕奇的研究也表明,1875—1930 年智利城市人口增长迅速,城市基础设施逐渐完善,圣地亚哥、瓦尔帕莱索、康塞普西翁和比尼亚德尔马等中心城市的规模不断扩大。②城市个案研究从微观层面揭示了智利早期城市化的特点。塞缪尔·杰斐逊·马特兰梳理了瓦尔帕莱索城的基础设施变迁史,比较了本地居民、地方政府、中央政府和外国公司在这座港口城市的规划与建设中的作用,强调本地居民和地方政府在 19 世纪城市公用事业中发挥了主导作用,认为"国家构建"可以在地方层面上实现。③费尔南多·坎波斯·哈丽雅特勾勒了 19 世纪后期至 20 世纪初康塞普西翁城变迁的特点,包括工矿业和商业的发展、现代职业协会的兴起、城市建筑布局与风格的转变、城市公用事业的建立,等等。④托马斯·埃拉苏里斯分析了 20 世纪初有轨电车、小汽车和公共汽车等现代交通工具在圣地亚哥城的普及其对居民生活方式的影响。⑤

(四)政治制度变革

　　政治制度变革研究的重点是亚历山德里与宪政改革、军人干政与伊瓦涅斯改革。

---

① See Carlos Hurtado Ruiz-Tagle, *Concentración de población y desarrollo económico: el caso Chileno*, Santiago de Chile: Universidad de Chile, 1966, pp.57-101.

② See Joseph L. Scarpaci, 'Chile', in Gerald Michael Greenfield, ed., *Latin American Urbanization: Historical Profiles of Major Cities*, Westport: Greenwood Press, 1994, pp.106-131.

③ See Samuel Jefferson Martland, *Constructing Valparaiso: Infrastructure and the Politics of Progress in Chile's Port, 1842-1918*, Unpublished Ph.D. Dissertation, University of Illinois, 2003.

④ See Fernando Campos Harriet, *Historia de Concepción: 1550-1970*, Santiago de Chile: Editorial Universitaria, 1979, pp.215-305.

⑤ See Tomás Errázuriz, El asalto de los motorizados: El transporte moderno y la crisis del tránsito público en Santiago, 1900-1927, *Historia(Santiago)*, Vol.43, No.2(2010), pp.357-411.

1. 亚历山德里与宪政改革

《关于阿图罗·亚历山德里·帕尔马的七篇论文》对亚历山德里的政治活动进行了系统分析,包括其政治性格的形成、1920 年选举的角逐、1925 年宪法的制定、社会立法、教会与国家的分离、文人与军队的关系等内容,强调了亚历山德里在结束议会共和国的寡头政治、开启容纳中下层民众的新宪政制度中所发挥的开拓作用。①莱奥波尔多·卡斯特多以编年史的形式对这一历史进程进行了详细叙述。②费尔南多·坎波斯·哈丽雅特阐述了智利 1833 年宪法向 1925 年宪法过渡的历史轨迹。③亚历山德里被视为拉美早期民众主义的代表,但保罗·W.德雷克认为,亚历山德里仅在动员中产阶级和工人阶级方面带有民众主义的色彩,其并未提出民众主义所倡导的工业化和再分配政策。他还指出,由于智利的政党制度相对完善且军人较少干政,其历史上并没有出现拉美典型的民众主义。④

2. 军人干政与伊瓦涅斯改革

弗雷德里克·M.纳恩认为,20 世纪 20 年代出身中间阶层的智利中下级军官积极干预国家政治,其目的在于推行改革和提高自身地位,这弥补了当时文人政治的缺陷。⑤他肯定了军事政变在智利宪政改革中的作用, 认为1925 年宪法是由文人设计的,但却是 1924 年和 1925 年军人革命的结果,并强调军队中存在以阿尔塔米拉诺为首的上层保守派军官和以伊瓦涅斯为首

①　See Claudio Orrego Vicuña, et al., *7 Ensayos sobre Arturo Alessandri Palma*, Santiago de Chile: Instituto Chileno de Estudios Humanísticos, 1979.

②　See Leopoldo Castedo, *Chile: vida y muerte de la República Parlamentaria(De Balmaceda a Alessandri)*, Santiago de Chile: Editorial Sudamericana Chilena, 1999.

③　See Fernando Campos Harriet, *Historia Constitucional de Chile*, Santiago de Chile: Editorial Jurdica de Chile, 1956.

④　See Paul W. Drake, Chile's Populism Reconsidered, 1920s–1990s, in Michael L. Conniff, ed., *Populism in Latin America*, Tuscaloosa: University of Alabama Press, 1999, pp.63–74.

⑤　See Frederick M. Nunn, Chilean Politics, 1920–1931: *The Honorable Mission of the Armed Forces*, Albuquerque: University of New Mexico Press, 1970.

的中下层改革派军官之间的博弈。①弗雷德里克·B.派克认为,伊瓦涅斯推崇墨索里尼和德里维拉,其当政时期的政治文化带有法西斯主义和职团主义的双重色彩。②豪尔赫·罗哈斯·弗洛雷斯分析了伊瓦涅斯的劳工政策,强调其对工人阶级采取了镇压与扶持相结合的政策,建立由国家操控的工会,以推行职团主义理念和实践社会立法。③保罗·W.德雷克认为,伊瓦涅斯只关注国家职团主义,他并未用新的功能实体取代被镇压的政党。④弗朗西斯科·多明格斯提出,伊瓦涅斯政权是智利由寡头政治向民主政治转型的产物,属于带有民众主义特征的波拿巴主义威权政体,并在两个方面推动了智利的历史进程:一是摧毁了旧式的寡头政体,推行阶级合作理念,为 1932 年后的智利民主制度奠定了基础;二是意识到初级产品出口经济的脆弱性,进行国家干预经济的实践,开启了智利经济向进口替代工业化转变的探索历程。⑤迈克尔·蒙特昂指出,伊瓦涅斯在石油、电力、航空和矿业等部门推行了经济民族主义政策,但因依附性经济结构的制约而难以奏效。⑥

(五)文化思潮转变

文化思潮转变研究围绕 20 世纪初智利社会的两大潮流展开:一是民族

① See Frederick M. Nunn, Military Rule in Chile: The Revolutions of September 5, 1924 and January 23, 1925, *The Hispanic American Historical Review*, Vol.47, No.1(Feb., 1967), pp.1–21.

② See Fredrick B. Pike, Chile and the United States, 1880–1962: *The Emergence of Chile's Social Crisis and the Challenge to United States Diplomacy*, University of Notre Dame Press, 1963, pp.187–208.

③ See Jorge Rojas Flores, *La dictadura de Ibañez y los sindicatos(1927–1931)*, Santiago de Chile: Dirección de Bibliotecas, Archivos y Museos, 1993.

④ See Paul W. Drake, Corporatism and Functionalism in Modern Chilean Politics, *Journal of Latin American Studies*, Vol.10, No.1(May, 1978), pp.83–116.

⑤ See Francisco Domínguez, Carlos Ibáñez del Campo: Failed Dictator and Unwitting Architect of Political Democracy in Chile, 1927–31, in Will Fowler, ed., *Authoritarianism in Latin America since Independence*, Westport: Greenwood Press, 1996, pp.45–72.

⑥ See Michael Monteón, Chile and the Great Depression: *The Politics of Underdevelopment, 1927–1948*, Tempe: Center for Latin American Studies Press of Arizona State University, 1998, pp.18–36.

主义思潮的兴起,二是民众文化价值观的转变。

1. 民族主义思潮的兴起

马里奥·贡戈拉提出,20 世纪初智利掀起了一场民族主义的批判思潮,其是 20 世纪 60 年代关于"不发达"问题探讨的先河。①贝尔纳多·叙贝尔卡赛奥认为,民族主义是 1900—1930 年智利民族国家构建的产物,其表现为教育民族主义、经济民族主义和政治民族主义等形式,并通过文艺作品和历史著作等载体进行广泛传播。②阿曼达·拉瓦尔卡·乌韦特松分析了 20 世纪初智利教育改革中的民族主义思潮:1880—1900 年为智利教育的革新启动时期,主要表现为借鉴德国的教育思想和体制;20 世纪初为民族主义觉醒的时期,即智利根据国情进行教育改革的自主探索。③斯特凡·林克认为,20 世纪初智利的文化变革与社会冲突导致了民族认同观念的变化,当时的知识分子对智利的种族、地理、印第安人文化、底层民众的品德、民间艺术等本土文化因素进行了重新诠释,以此标榜本民族的价值观念,而智利的各阶层和政党也热衷于倡导民族主义理念。④

2. 民众文化价值观的转变

斯特凡·林克认为,1910—1931 年智利城市化孕育了以消费和娱乐为主要内容的大众文化,体现在家用电器的引进、小汽车的使用、现代舞蹈和音乐的流行、电影和竞技体育的传播等诸多方面,进而冲击了传统的价值观念

---

① See Mario Góngora, *Ensayo histórico sobre la noción de Estado en Chile en los siglos XIX y XX*, Santiago de Chile:Ediciones La Ciudad,1981,pp.34–39.

② See Bernardo Subercaseaux, *Historia de las ideas y la cultura en Chile:nacionalismo y cultura*, Santiago de Chile:Editorial Universitaria,2007.

③ See Amanda Labarca Hubertson, *Historia de la enseñanza en Chile*,Santiago de Chile:Imprenta Universitaria,1939.

④ See Stefan Rinke, *Cultura de masas,reforma y nacionalismo en Chile,1910–1931*,Santiago de Chile:Dirección de Bibliotecas, Archivos y Museos,2002.

和伦理关系。[①]雷内·米利亚尔·卡瓦乔考察了瓦尔帕莱索居民宗教信仰的历史变迁。他的研究表明,在19世纪前半期,由于本地居民稀少和外国移民逐渐增多,新教信仰在瓦尔帕莱索居于优势地位;但自19世纪60年代开始,天主教会加大在该地区的组织建设,加之本土居民的比重增加,天主教信仰确立了主导地位;20世纪初,属于新教教派的五旬节会进入瓦尔帕莱索,冲击了传统的信仰格局,但天主教仍主导着当地居民的礼拜活动和重大宗教节日。[②]

三、国内学术界对拉美早期现代化的研究

自20世纪90年代以来,国内学术界对拉美早期现代化的启动时间、动力、内容和性质等问题展开了深入探讨,重点分析初级产品出口经济与早期工业化之间的关系。

(一)拉美早期现代化的启动时间

国内学术界将工业化视为现代化的核心内容,故对拉美早期现代化启动时间的讨论围绕其工业化起点问题展开,其主流看法经历了由大萧条启动说到19世纪70年代启动说的转变。

20世纪80年代,国内学术界把大萧条视为拉美工业化的起点。一方面,拉美结构主义学者的著作陆续被引入国内,其关于拉美工业化起源于大萧条的学说影响了国内学者的看法。如富尔塔多的《拉丁美洲经济的发展:从

---

① See Stefan Rinke, *Cultura de masas, reforma y nacionalismo en Chile,1910-1931*, Santiago de Chile: Dirección de Bibliotecas, Archivos y Museos, 2002, pp.33-77.

② See René Millar Carvacho, spectos de la religiosidad porteña: Valparaíso 1830-1930, *Historia* (*Santiago*), Vol.33(2000), pp.297-368.

西班牙征服到古巴革命》一书在 1981 年被译成中文,作者认为:"就工业化进程的性质来说,1929 年的危机是一个有重大意义的界线。到那时为止,工业部门的发展是出口扩大的反映;而从那时起,工业化主要是由出口部门的衰退或增长不足而引起的结构问题诱发的。"①另一方面,当时国内拉美经济史研究的重点是二战之后的时段,仅在叙述历史背景时提及 1930 年前拉美工业的发展状况,但并未加以深入分析,也没有将拉美工业化的启动时间前推。②所以当时国内学者认为,拉美国家走上工业化和经济现代化的道路始于1929—1933 年世界经济危机,而之前则处于初级产品单一制经济增长阶段。③

　　自 20 世纪 90 年代初开始,国内学者重新审视拉美工业化的起点问题,19 世纪 70 年代启动说逐渐成为国内拉美学界的主流看法。随着国外最新研究成果的引入,尤其是《剑桥拉丁美洲史》中文版的发行,④ 1930 年前拉美工业的发展问题越来越得到国内学者的重视。林被甸率先提出:"我们可以把1870—1930 年看作为拉美工业化的初始阶段。"⑤苏振兴较早探讨了初级产品出口模式对拉美早期城市和工业发展的推动作用,这有助于改变初级产品出口模式和工业化不相容的传统看法。⑥陆国俊和金计初主编的《拉丁美洲资本主义发展》一书系统梳理了墨西哥、巴西、阿根廷、委内瑞拉和智利的

　　① 　[巴]塞尔索·富尔塔多:《拉丁美洲经济的发展:从西班牙征服到古巴革命》,徐世澄等译,上海译文出版社,1981 年,第 91 页。

　　② 　参见苏振兴主编:《巴西经济》,人民出版社,1983 年,第 8~11 页;徐文渊主编:《阿根廷经济》,人民出版社,1983 年,第 14~18 页、63 页;张文阁、陈芝芸主编:《墨西哥经济》,社会科学文献出版社,1987 年,第 13~15 页、77~80 页;徐世澄、白凤森:《秘鲁经济》,社会科学文献出版社,1987 年,第 12~14 页、94 页。

　　③ 　参见苏振兴、徐文渊主编:《拉丁美洲经济发展战略研究》,北京大学出版社,1987 年,第 2~3 页。

　　④ 　涉及拉美工业化起点的论述参见[英]科林·M.刘易斯:《1930 年以前的拉丁美洲工业》,载[英]莱斯利·贝瑟尔主编:《剑桥拉丁美洲史》(第四卷),涂光楠等译,社会科学文献出版社,1991 年,第 266~322 页。

　　⑤ 　林被甸:《拉丁美洲国家对现代化道路的探索》,《北京大学学报》(哲学社会科学版),1992 年第 6 期。

　　⑥ 　参见苏振兴:《拉美初级产品出口模式及其影响》,《拉丁美洲研究》,1994 年第 6 期。

经济发展史,丰富了国内学术界对拉美早期工业的认识。[①]此后,刘婷提出:"从工业部门的规模和结构的变革到新能源和新动力的应用,都应把 1870—1930 年这一阶段列为拉美工业化的早期阶段。"[②]韩琦将 1870—1914 年视为拉美现代工业的建立时期,将 1914—1930 年看作拉美现代工业的初步发展阶段,并使用了"早期工业化"一词。[③] 21 世纪初,苏振兴主编的《拉美国家现代化进程研究》一书分析和比较了有关拉美工业化起点的各种学说,把 1870 年视作拉美工业化的起点,但将其归为"早期工业化阶段",强调现代制造业的发展是农矿业初级产品出口繁荣的结果、工业化尚未成为国家的战略目标或计划。[④]由此,19 世纪 70 年代成为国内学术界关于拉美早期工业化(早期现代化)启动时间的主流看法。韩琦主编的《世界现代化历程》(拉美卷)集中体现了这一转变。[⑤]

但也有一些学者继续对该问题持不同看法。如张宝宇强调,一定规模工业的出现并不等同工业化的开始,工业化是指制造业逐渐成为国民经济增长的主导部门,并引起经济结构与社会结构变化的历史进程。他由此认为,20 世纪 30 年代之前,虽然巴西已经出现两次工业发展的飞跃,但并未因此引起经济结构的明显变化,所以巴西工业化进程的起始时间要迟至 20 世纪 30 年代,因为自那时起工业才成为巴西经济发展的主导部门。[⑥]

(二)拉美早期现代化的动力

拉美早期现代化诞生于初级产品出口繁荣时期,国内学者普遍将初级

① 参见陆国俊、金计初主编:《拉丁美洲资本主义发展》,人民出版社,1997 年。

② 刘婷:《试析拉美工业化的启动时间及特点》,《拉丁美洲研究》,2001 年第 6 期。

③ 参见韩琦:《拉丁美洲的早期工业化(上)》,《拉丁美洲研究》,2002 年第 6 期;韩琦:《拉丁美洲的早期工业化(下)》,《拉丁美洲研究》,2003 年第 1 期。

④ 参见苏振兴主编:《拉美国家现代化进程研究》,社会科学文献出版社,2006 年,第 55~58 页。

⑤ 参见韩琦主编:《世界现代化历程》(拉美卷),江苏人民出版社,2009 年。

⑥ 参见张宝宇:《巴西现代化研究》,世界知识出版社,2002 年,第 10~12 页、33~48 页。

产品出口增长视为拉美早期现代化的主要动力，并探讨了国家经济政策的推动作用。

1. 初级产品出口部门的主导作用

苏振兴认为，由于初级产品出口模式在拉美各国实施的情况有很大的差别，这种模式在推动这些国家的社会经济变动方面所表现出的活力就大不一样。阿根廷、巴西、智利、墨西哥以及乌拉圭等国社会经济方面所发生的变化要比其他拉美国家大得多，并集中地表现在这些国家早期的城市扩张和工业发展两个方面。① 杨跃平和董经胜指出，出口经济的繁荣推动了拉美生产要素市场向资本主义体制的转变，促进了拉美国家的工业化，而且引起了社会结构的变革。② 林被甸认为，出口扩大和由此而来的城市化，为拉美现代工业兴起提供了所需要的资金和市场；出口扩大的需要直接促进铁路网建设，从而为拉美现代工业兴起营造了有利的环境条件。③ 国别案例的研究进一步深化了国内学术界对该问题的认识。张宝宇分析了咖啡业在巴西传统社会转型时期的作用，即推动了巴西城市的建立与发展，为巴西近代工业发展创造了资金、劳动力和市场条件，并引起了社会结构的变化。④ 王萍提出，19 世纪末至 20 世纪初哥伦比亚咖啡经济的扩张与繁荣，不仅有助于其摆脱殖民时期遗留下来的前资本主义经济发展模式，而且加快了工业资本的积累，刺激了现代交通运输体系的建立，从而推动了哥伦比亚工业化的启动和发展。⑤ 韩琦和胡慧芳强调，智利的硝石业具有与一般矿业不同的"联系效

---

① 参见苏振兴：《拉美初级产品出口模式及其影响》，《拉丁美洲研究》，1994 年第 6 期；苏振兴主编：《拉丁美洲的经济发展》，经济管理出版社，2000 年，第 32~66 页。

② 参见杨跃平：《出口经济与拉美早期现代化的道路》，《拉美史研究通讯》，2000 年第 36 期；董经胜：《出口经济与拉美现代化的启动》，《江汉大学学报》，2009 年第 1 期。

③ 参见林被甸：《拉丁美洲国家的早期工业化——外源性现代化道路实例研究》，《现代化研究》（第 2 辑），商务印书馆，2003 年。

④ 参见张宝宇：《巴西现代化研究》，世界知识出版社，2002 年，第 33~45 页。

⑤ 参见王萍：《哥伦比亚咖啡经济与早期工业化》，《世界历史》，2008 年第 3 期。

应",并由此带动了智利早期工业化、城市化的发展和社会结构的变动。①董国辉认为,1870—1914年阿根廷农牧业出口部门推动了交通运输、早期工业、城市化和公用事业、文化教育等其他经济和社会部门的发展,实现了从传统社会向现代社会的初步转变。②

2. 国家经济政策的推动作用

苏振兴指出,拉美各国政府在利用初级产品出口收入去推动其他产业发展的意识与作为的情况是大相悬殊的,其中智利政府在硝石开采过程中发挥了重要作用:①国家掌握了矿山的所有权,使中央政府从硝石业的发展中获得大宗财政收入;②加强中、南部地区的农牧业生产和通往矿区的道路建设,既解决了矿区的食品等物资供应,又带动了中、南部的发展;③中央政府将大量财政收入投入中部地区的基础设施建设和城市改造,吸引了相当数量的欧洲移民进入中部的圣地亚哥等城市从事工、商业活动。他由此认为:"智利走的矿业兴国之路所取得的成绩是当时其他以开发矿业为主的拉美国家远远不及的。"③韩琦和胡慧芳认为,智利早期现代化之所以能够取得比较突出的成效,不单纯是依靠硝石本身的"联系效应",关键还在于智利国家发挥了重要的作用:①智利国家精英集团比较早地萌生了工业化的意识,他们制定的关税政策有利于保护国内制造业的发展;②智利政府能够利用市场机制激励本国和外国资本开发硝石资源,并能够借助强有力的国家政权征收较大比例的出口税;③更重要的是,智利政府能够将出口收入用于国家的基础设施建设和人力资本的投资,从而为国家的长远发展奠定了坚实的基础。④吴洪英提出,巴西政府在现代化起步阶段"仿效欧美工业化,兴办

①④ 参见韩琦、胡慧芳:《智利硝石业的发展与早期现代化》,《世界历史》,2010年第1期。

② 董国辉:《初级产品出口与阿根廷的早期现代化——拉美独立运动爆发200周年的反思》,《世界历史》,2011年第4期。

③ 苏振兴:《拉美初级产品出口模式及其影响》,《拉丁美洲研究》,1994年第6期。

西式实业",政府对工业的重视、保护性关税和金融信贷政策的实施,以及工业学校的建立等因素有力地刺激了巴西早期工业化的发展。①王萍将雷耶斯政府所实行的保护主义关税政策视为哥伦比亚早期工业化的重要条件。②张家唐概括了波菲里奥·迪亚斯的政治经济政策对墨西哥现代化的影响:迪亚斯强化政府职能,实行专制统治,实现了"科学家派"提出的"秩序";执行"进步"政策,使较大的城市在不同程度上实现了现代化。③

(三)拉美早期现代化的内容

国内学术界对拉美早期现代化内容的研究侧重早期工业化、早期城市化和社会结构变化、政治文化转变等方面。

1. 早期工业化

国内学者通常以一战为界,将拉美早期工业化分为 1870—1914 年和 1914—1930 年两个历史阶段。关于其一般特征,韩琦总结为五点:①工业化与出口扩大联系密切,工业部门是出口导向模式中的小伙伴,工业产出主要依赖于国内市场;②工业部门中的采矿业和出口加工业较发达,而面向国内市场的制造业较薄弱,后者中的食品和纺织工业占较大比重、企业规模普遍较小、重工业比重极小;③工业化水平并不高;④技术方面基本上是转移而不是创造;⑤外国通过强大的跨国公司控制着拉美的工业发展。④林被甸指出了拉美早期工业化的两个"替代"过程:第一个是指工厂生产替代手工业生产的过程,其始于 19 世纪最后 25 年;第二个是指进口替代,出现于一战之后。⑤《拉美国

---

① 参见吴洪英:《巴西现代化进程透视——历史与现实》,时事出版社,2001 年,第 48~50 页。

② 参见王萍:《哥伦比亚咖啡经济与早期工业化》,《世界历史》,2008 年第 3 期。

③ 参见张家唐:《论波菲里奥·迪亚斯的政治经济政策》,《拉美史研究通讯》,1995 年第 31 期。

④ 参见韩琦:《拉丁美洲的早期工业化》(下),《拉丁美洲研究》,2003 年第 1 期。

⑤ 参见林被甸:《拉丁美洲国家的早期工业化——外源性现代化道路实例研究》,《现代化研究》(第 2 辑),商务印书馆,2003 年。

家现代化进程研究》一书分析了拉美现代工业企业家阶层的来源:一是商业资本向工业资本的转变,二是移民,三是部分本地农牧业主开始兼营制造业。[①]

2. 早期城市化和社会结构变化

韩琦归纳了拉美早期城市化的特征:①城市规模扩大;②首都已呈现出向首要城市发展的趋势;③城市结构发生新的变化,增添了现代工业的成分;④城市布局发生新的变化;⑤城市的发展推动并促成具有进步意义的民族精英的形成。[②]刘婷认为,1870—1930年智利的城市化进程增强了城市的经济职能,使其受工业发展的影响日益显著,城市面貌和城市生活发生革新,城市社会结构由先前的贵族、富人、贫民转变成上层精英集团、中等阶层和工人阶级,妇女在社会生活中的地位提高,这些表明智利的城市越来越多地具有现代文明气息,不断体现出新的文明整合。[③]《拉丁美洲资本主义发展》一书提出,19世纪70年代之后,工农业经济的增长与生产关系的变革迅速引起拉美社会结构的新变化,形成了资产阶级和无产阶级两支新兴力量。[④]

3. 政治文化转变

董经胜提出,19世纪末至20世纪初,拉美经济发展和城市化进程加剧了中下层民众与精英集团的矛盾,城市中间阶层中出现了早期民众主义者。[⑤]潘芳对阿根廷早期民众主义进行了专题研究,她认为,早期民众主义是阿根廷现代化发展初期的产物,其理论和实践发展过程中贯穿着伊里戈延个人的作用,大体形成了折中、调和的宣传与"分而治之"的实践相配合的理论体系。[⑥]《拉美的共产主义运动》一书追溯了社会主义思想在拉美国家的早期传

---

① 参见苏振兴主编:《拉美国家现代化进程研究》,社会科学文献出版社,2006年,第83~84页。

② 参见韩琦:《拉丁美洲的城市发展和城市化问题》,《拉丁美洲研究》,1999年第2期。

③ 参见刘婷:《1870—1930年智利城市的发展与变革》,《拉美史研究通讯》,1995年第31期。

④ 参见陆国俊、金计初主编:《拉丁美洲资本主义发展》,人民出版社,1997年。

⑤ 参见董经胜:《拉丁美洲现代化进程中的民众主义》,《世界历史》,2004年第4期。

⑥ 参见潘芳:《探析阿根廷早期民众主义理论》,《世界历史》,2009年第6期。

播，以及拉美早期社会党和共产党的诞生过程。[1]

(四)拉美早期现代化的性质

国内学术界普遍强调拉美早期现代化的外源性和依附性特征，以此区别于1930年后探索自主发展的进口替代工业化道路。

《拉丁美洲资本主义发展》一书总结了拉美近代资本主义的特征：①拉美国家执行的出口初级农矿产品为导向的政策，使拉美资本主义被直接纳入欧美资本主义世界市场经济体系，由此对欧美市场具有更大的依附性；②在这个时期内，资本主义的发展仍同前资本主义的残余并存，但前资本主义已在迅速瓦解，逐渐被资本主义经济所代替；③在拉美经济发展中，各国政府仍然没有制订明确的经济发展计划，但已充当了重要角色，发挥了重要作用；④拉美近代资本主义发展的历史经验证明，拉丁美洲国家提倡的"欧化"模式、出口经济导向政策等，最终使拉丁美洲沦为半殖民地、半封建社会，证明这是一个失败的模式。[2]

韩琦认为，1930年前的拉美工业化是一种自发的工业化，是经济发展的一种自然结果，而不是一种自觉的工业化，其具有发展不平衡、总体水平低、结构不合理、受外资控制等特点，民族工业并没有真正发展起来。[3]林被甸强调，拉美早期现代化属于外源性现代化类型，其早期工业化从发展空间、整体水平到内容结构，无不受到资本主义国际分工体系的制约，由此表现出无法克服的依附性、畸形性和脆弱性等特点，这种畸形的依附性工业化不会而且也不可能推动拉美国家实现由以大地产为基础的农业社会向现代工业社

①　参见祝文驰、毛相麟、李克明：《拉美的共产主义运动》，当代世界出版社，2002年。

②　参见陆国俊、金计初主编：《拉丁美洲资本主义发展》，人民出版社，1997年，第24页。

③　参见韩琦：《拉丁美洲的早期工业化》(下)，《拉丁美洲研究》，2003年第1期。

会的转变。①

《拉美国家现代化进程研究》一书同样强调,拉美早期现代化是一种依附性的现代化,具有飞地企业、实行经济自由主义政策、收入高度集中和政治独裁主义这四个突出特点, 是一个既利用了经济全球化的国际市场和资本条件启动的经济现代化,取得了经济上的巨大发展,同时又被西方主导的经济全球化所主宰,加深了经济殖民化和对欧美发达国家依附性的进程,这种现代化必然是反人民和反民族的。②

四、理论方法与基本框架

现代化(modernization)是指人类社会从传统的农业社会向现代工业社会转变的历史过程, 旨在阐明这一进程的现代化理论兴起于 20 世纪 50 年代,先后出现了经典现代化理论、依附论、世界体系论等代表性流派。本书借鉴经典现代化理论中的结构功能主义,将智利早期现代化分成经济、社会、政治和文化四个层面加以论述, 同时用唯物史观去分析这四个层面的互动关系,突出生产方式变革所引起的整体社会变迁。

结构功能主义(structural functionalism)是经典现代化理论的一个重要流派,侧重“结构–功能”二者关系的整体分析方法。结构功能主义的思想渊源可以追溯到孔德和斯宾塞。孔德认为,社会是一种由各种要素组成的类似于生物有机体的整体,这个整体同它的部分之间具有一种“普遍的和谐”。斯宾塞提出了社会宏观结构的总体规模、复杂性和差异性问题,并在区分结构与功能的基础上引入了“功能需求”概念。20 世纪 40 年代,美国著名社会学家

---

① 参见林被甸:《拉丁美洲国家的早期工业化——外源性现代化道路实例研究》,《现代化研究》(第 2 辑),商务印书馆,2003 年。

② 参见苏振兴主编:《拉美国家现代化进程研究》,社会科学文献出版社,2006 年,第 30~31 页。

塔尔科特·帕森斯明确提出了"结构功能主义"的概念,并建构起以结构功能分析为特征的理论体系。该理论认为,社会系统、行为有机体、人格系统和文化系统共同构成所谓的"行动系统"。社会系统又进一步分为经济系统、政治系统、社会系统和文化模式托管系统四个子系统, 它们分别执行"适应"(adaptation)功能、"目标实现"(goal attainment)功能、"整合"(integration)功能和"潜护"(latency)功能,以保证社会系统的维持和延续。[①]结构功能主义为现代化研究提供了一种新的思维方法。在帕森斯以前,社会学家研究社会进化与发展的方法,通常是把社会设想为"传统"与"现代"这两极,然后从某个切入点去推演社会进化的过程,这种从单一视角切入的方法虽然清晰明了、重点突出,但容易造成思维中的疏漏。帕森斯的结构功能主义理论改变了社会学的这一研究传统,创造了从整体入手的思维和研究方法。[②]

本书在结构安排上借鉴了结构功能主义理论,将现代化视为由经济、社会、政治和文化这四个层面的变迁构成的系统过程。第一章为智利早期现代化启动的历史背景,概括智利传统社会的基本特征,即大庄园制、乡村社会、寡头政治和天主教文化,并归纳智利早期现代化启动的前提条件。第二章和第三章论述经济层面的变迁,分别为早期工业化进程和农业现代化之路。第四章为社会结构变迁,包括早期城市化进程和新兴社会阶层的崛起。第五章阐述政治制度变革,梳理由传统的寡头政治向现代民主制过渡的进程。第六章考察文化的变迁,主要分析文化世俗化的原因及其结果。为了突出现代化进程的系统性和整体性,本书各章并不截然论述现代化单个层面的变迁,而是将其他三个层面作为条件或结果加以囊括, 以突出现代化各个层面的互动关系。如经济变迁的两章涉及经济利益群体的形成、政府经济政策和文化

---

① 参见刘润忠:《社会行动·社会系统·社会控制——塔尔科特·帕森斯社会理论述评》,天津人民出版社,2005 年,第 2~7 页。

② 参见童星:《发展社会学与中国现代化》,社会科学文献出版社,2005 年,第 92 页。

价值观的作用；社会变迁的章节考察了经济政治动因和新兴社会阶层的意识形态特征；政治变迁章节基于经济社会结构变迁的背景，同时分析了政治文化对制度变迁的作用；文化变迁章节涉及物质条件的作用、文化思潮对社会转型的影响。

在论述现代化四个层面的关系时，本书并不赞同结构功能主义的观点，而是采纳了唯物史观的分析，即强调基于生产方式变革的整体分析和历史分析。帕森斯的理论极大地推动了西方学术界的现代化研究，但也遭到了诸多批判，集中体现在：不重视社会冲突，过分强调社会的稳定平衡而不注意社会变迁的动态研究，具有保守主义色彩；过分注重精神文化规范对社会行动的影响而不重视物质利益对人类行为的作用。[1]本书仅在结构安排上借鉴结构功能主义理论，而理论分析主要采纳唯物史观。唯物史观理论集中体现在马克思和恩格斯所撰写的《德意志意识形态》《共产党宣言》《〈政治经济学批判〉导言》等文献中，其核心观点可以用恩格斯晚年的一句话加以概括，即"每一历史时代主要的经济生产方式和交换方式以及必然由此产生的社会结构，是该时代政治的和精神的历史所赖以确立的基础，并且只有从这一基础出发，这一历史才能得到说明"[2]。

具体到智利早期现代化案例，本书突出物质资料生产方式(生产力和生产关系)变革所引起的整体社会变迁。智利的传统社会是基于大庄园制的乡村社会，大庄园主和劳役佃农构成了社会主体，并在此基础上建立了由土地权贵所把持的寡头威权主义政权，与之相适应的意识形态为保守的天主教文化。太平洋战争开启的经济周期突破了传统生产方式的范畴，启动了早期工业化和农业现代化进程，从而导致社会结构变迁与政治制度变革，新兴的

---

① 参见傅正元：《帕森斯的社会学理论》，《国外社会科学》，1982 年第 11 期。

② 《马克思恩格斯选集》(第一卷)，人民出版社，1995 年，第 257 页。

城市中产阶级和工人阶级推动了现代民主制的建立，并实现了意识形态的世俗化与多元化。唯物史观坚持物质资料生产方式是社会存在和发展的决定力量，但反对形而上学的经济决定论，强调要辩证分析生产力与生产关系、经济基础与上层建筑的关系。在阐述智利早期现代化进程时，本书通过经济、社会、政治和文化四个要素的互动关系来诠释生产方式的变革和由此引发的整体社会变迁，以避免出现由经济因素直接引出非经济现象的机械分析模式。

五、创新之处

在充分利用前人研究成果的基础上，本书力图在以下方面有所创新：

（1）系统梳理智利早期现代化的启动条件。学术界通常将硝石出口的兴起作为智利早期现代化启动的前提，而对其他因素的分析较少。本书系统分析了智利传统社会的特征和太平洋战争的经济政治影响，将早期经济发展基础、宪政传统、领土扩张和政府的现代化意识作为智利早期现代化启动的必要条件。

（2）深入分析非经济因素在智利早期现代化进程中的作用。前人侧重从对外经济关系的角度梳理智利早期现代化的轨迹，而对非经济因素作用的分析尚显不足。本书探讨了地理环境、种族结构、文化思想和政治制度等因素对智利早期现代化进程的影响，进而归纳其独特性。

（3）系统阐述智利早期现代化的多元内容。传统研究重点探讨工业化和城市化两个层面的内容，对其他方面的变革要么缺乏关注，要么评价过低。本书将现代化视为经济、社会、政治和文化四个层面互相推动的系统过程，从而将智利早期工业化和城市化置于特定的政治和文化背景中加以考察，并且认为民主化和世俗化是智利早期现代化的另外两项重要内容。

(4)辩证分析智利早期现代化的历史意义。作为一个承上启下的历史阶段,早期现代化深刻地影响了智利现代化的整体进程,但学术界尚未对此进行深入探讨。本书既强调早期现代化孕育的变革因素对大萧条后智利经济政治转型所起的推动作用,也试图探析早期现代化的局限性与战后智利发展危机之间的关系,从而探究智利现代化曲折性的历史根源。

第一章　智利早期现代化启动的历史背景

　　智利在殖民地时期形成了以大庄园制、二元种族社会结构和天主教文化为主要特征的传统社会，在独立后建立了基于宪政框架的寡头威权主义政治，并实现了政治稳定与早期经济发展。1879—1884 年的太平洋战争开启了1879—1932 年经济周期，由硝石出口所主导的经济增长逐渐突破了传统生产方式的范畴，以带动非出口部门发展的形式启动了智利早期现代化进程。

第一节　智利传统社会的特征

　　智利的传统社会是基于大庄园制的乡村社会，其生产方式属于前资本主义形态，但交换方式带有资本主义特征。大庄园主和劳役佃农构成了社会主体，并在此基础上建立了由土地权贵所把持的寡头威权主义政权，与之相适应的意识形态为保守的天主教文化。但智利的传统社会并非铁板一块，在早期现代化启动前已经出现了现代交通和通信设施的建立、现代工业的萌芽、科学知识的传播和城市职能的转变等新现象。

一、大庄园制与乡村社会

　　智利传统社会的经济基础是大庄园制，包括大地产制和劳役佃农制两方面内容。智利大庄园制源于殖民地时期的经济结构变迁，在独立后的小麦出口繁荣时期得到巩固，并塑造了以大庄园主和劳役佃农为主体的智利乡村社会结构。

　　智利大庄园源于农牧业增长所导致的地权集中，经历了恩赐地扩张为大牧场，进而转型为大庄园的过程。[①] 1541年，佩德罗·德瓦尔迪维亚（Pedro de Valdivia）在智利建立起殖民统治，并向部将授予委托监护权。[②]智利印第安人的社会组织较为松散，他们习惯于在一定区域内（通常为河谷）迁移，过着半定居的农业生活。因此，这里的委托监护制往往以土著酋长（cacique）为单位，将某一酋长及其下属分配给某一个西班牙人。而不同于墨西哥那种以地域为单位，将某一村社或市镇的印第安人分配给某一西班牙人。[③]在1590年之前，西班牙人的主要经济活动是役使印第安人淘金，而对土地尚未产生浓厚的兴趣，智利的委托监护制也因此长期保持了劳役制的特点。但是在少数有定居印第安人的村落，西班牙人利用委托监护权侵占土地。还有一些殖民者在监护区内经营农牧业和手工业，或与土著酋长女儿联姻，进而获得监

---

　　① 关于智利大庄园制形成过程的详细论述，参见韩琦、曹龙兴：《论智利大庄园制度的起源》，《史学集刊》，2012年第6期。

　　② 委托监护制是一种西班牙王室报偿征服者的殖民制度，其起源于8世纪到15世纪的光复运动，在美洲表现为国王授权委托监护主向印第安人摊派劳役、征收贡税和传播天主教等特点，最初的委托监护权不能世袭，也不含所监护土地的授予。Silvio Zavala, *De encomiendas y propiedad territorial en algunas regions de la America Espanola*, México: Antigua Libreria Robredo, 1940.

　　③ See George McCutchen McBride, *Chile: Land and Society*, New York: American Geographical Society, 1936, p.76.

护区内的印第安人土地。①因此，委托监护制作为"拓殖工具"，间接推动了大庄园的形成。

但智利大庄园的真正起源来自直接的土地赐予。按照西班牙王室法令，每个新建立的市镇都拥有分配土地的权利，这种赐予被称作"恩赐地"（mercedes），依据征服者的身份分为"步兵份地"和"骑兵份地"两种，按位置和用途可分为三种基本形态，即城镇中心的宅地（solar）、市郊的园地（chácara）和远郊的牧场（estancia）。②前两种含有可让渡的私人产权，牧场最初只包括使用权的赐予。1541 年，智利圣地亚哥市政会成立，并代表国王向最早的一百五十名殖民者赐予土地。此后，市政会的一项主要工作就是受理土地赐予申请，如圣地亚哥市政会在 1547 年召开的八次会议中，有六次涉及土地的赐予，在 1553 年召开的三十七次会议中，有十一次涉及土地赐予及相关问题。申请人多为地位较高的居民（vecino），他们大多拥有官职或军衔，而普通居民（morador）通常被排除在外。官方条文明确了受赐者的义务，如限期在恩赐地上建房屋，禁止将土地出售给宗教人士，不得侵犯周边印第安人或西班牙人的利益，等等。③在 16 世纪晚期之前，这些恩赐地的规模普遍较小，尚未形成大地产。

17 世纪，智利进入"油脂世纪"，畜牧业的发展刺激了土地兼并，并导致大牧场的形成。从 16 世纪末开始，印第安人数量的锐减、淘金业的衰落、波托西银矿对油脂和皮革的需求增长等因素推动了智利经济的转型，粗放经

---

① See Mario Góngora, *Encomenderos y estancieros: estudios acerca de la constitución social aristocrática de Chile después de la conquista, 1580–1660*, Santiago de Chile: Universidad de Chile, 1970, pp. 9–13. George McCutchen McBride, *Chile: Land and Society*, New York: American Geographical Society, 1936, p.88.

② See Ernesto Greve, *Mensura general de tierras de Ginés de Lillo: Introducción*, Santiago de Chile: Imprenta de Universitaria, 1941, p. XXI.

③ See El Cabildo de Santiago, *Actas del Cabildo de Santiago, 1541–1557*, Tomo I, Santiago de Chile: Imprenta del Ferrocarril, 1861, pp.122–138, pp.329–368.

营的畜牧业兴起。为了扩大牧场,殖民者加紧剥夺印第安人的土地,其主要手段是设法增加或扩大恩赐地。如在 1597 年,印第安人保护官出售了土著部落在梅利皮亚、坎查和通卡等处的土地,又于 1601 年出售了位于内莫卡兰的印第安人土地;与此同时,殖民当局的土地赐予范围扩展到整个潘戈谷地,到 1604 年,该地区的印第安人被排挤到 200~400 夸德拉[①]的狭小区域。[②]土地兼并导致许多土地地界混乱、产权不明甚至没有土地凭证,印第安人的诉讼增多。在既得利益者的压力下,1603 年的希内斯·德利略(Ginés de Lillo)土地审定采取了承认既成事实的做法,大地产由此确立了合法的地位,类似的土地审定继续进行了若干次。此时,恩赐地的法律内涵也发生了变化。在征服时期,牧场的受赐者仅拥有居住、建造畜栏等使用权利,并不能排斥其他放牧者。但 1583 年之后,牧场与宅地、园地一样,成为排他的、可让渡的私人财产,这从制度层面反映了土地的私有化进程。

同时,作为劳役制度的委托监护制趋于衰落,大牧场兴起了新的劳动制度。一类是雅纳科纳(yanacona),他们不是早期殖民者从秘鲁带来的印第安人,而是那些脱离原来的监护主或村落而移居到牧场上的印第安人,包括阿劳坎人战俘。他们为大牧场主劳动,从而获得小块土地的使用权,但并不被严格束缚在土地上。1614 年,圣地亚哥的雅纳科纳有 2162 人,如果算上另外 1000 多名来自原村落的纳贡印第安人,其实际数量约为 3200 人,而仍然居住在原来村落中的印第安人仅剩下 696 人。[③]另一类是西班牙人与印第安人混血的后代——梅斯蒂索人(mestizo)。梅斯蒂索人习惯于当兵,但军队对他们的吸纳数量有限。这些人在 17 世纪逐渐融入乡村社会中,一部分人成为

---

① 1 夸德拉(cuadra)在智利和阿根廷约合 1.69 公顷,在拉美其他地区约为 0.71~0.75 公顷。

② See Jean Borde y Mario Góngora, *Evolución de la propiedad rural en el Valle de Puangue*, Tomo Ⅰ, Santiago de Chile: Universidad de Chile, 1956, p.44.

③ See Mario Góngora, *Origen de los inquilinos de Chile Central*, Santiago de Chile: Universidad de Chile, 1960, p.30.

大牧场的总管或牧牛人;另一部分人租赁牧场土地,用于放养自己的牲畜,以实物作为象征性的租金,还承担牲口圈集、守卫地界等义务。此外,一些贫穷的西班牙人、自由的穆拉托人(黑白混血后代)和黑人也加入了承租者行列。[①]

18 世纪,智利的经济模式发生新的转型,小麦出口取代了原来的油脂与皮革出口,大地产的形态也随之由大牧场转变为大庄园。1687 年,秘鲁的大地震摧毁了当地的农业灌溉系统,造成小麦减产和价格飙升,增加了对智利农产品的需求。粗放利用的牧场被改造成农田,大地产呈现出农业特性,其称呼开始由 17 世纪的大牧场(estancia)更换为 18 世纪的大庄园(hacienda)。对中央谷地而言,大庄园集中于北部地区,即阿空加瓜河与毛莱河之间的区域, 而毛莱河至比奥比奥河之间的南部地区则存在着大量中小庄园。据 1779—1782 年的地方官报告, 在 47 个 5000~40000 夸德拉的特大庄园中,北部地区占了 39 个,南部仅有 8 个;149 个 1000~5000 夸德拉的大庄园均位于北部;1575 个 500~1000 夸德拉的中小庄园则全部处在南方。[②]小麦种植导致劳动制度变革, 形成了以劳役佃农为主体的大庄园劳动力。小麦种植兴起后,大庄园盛行土地租佃(arrendamiendo),即给予佃农(arrendario)以小块土地,供其居住和耕种,由后者缴纳租金并提供必要的劳役。佃农由无地劳动群体构成,其主体是梅斯蒂索人,源于 20 世纪的大牧场承租人(prestatario)。佃农的劳役内容既保留了"油脂世纪"的牲口圈集,又增添了为大庄园主耕作收获、清理水渠、运输产品进城等义务。随着大庄园生产规模的扩大,佃农的劳役负担不断增加, 在殖民地晚期增添了给主人做家内仆役的义务。由

---

① See Mario Góngora, *Origen de los inquilinos de Chile Central*, Santiago de Chile: Universidad de Chile, 1960, pp.33–47.

② See José Garrido, ed., *Historia de la reforma agraria en Chile*, Santiago de Chile: Editorial Universitaria, 1988, p.22.

此,佃农对大庄园的依附关系逐渐增强,其名称也在 18 世纪后期固定为劳役佃农(inquilino)。①但他们有迁移的自由,劳役内容也依习惯或协商而定,这明显不同于墨西哥的债役农。由于土地的数量有限,而人口又不断增加,并非所有的人都有机会获得租佃权,那些流动人口就成为季节工,是大庄园劳动力的必要补充。

智利独立运动没有触动大庄园制,相反,该制度因 19 世纪中期的小麦出口繁荣而得到了巩固。1848 年,"淘金热"导致加利福尼亚对粮食的需求激增。同处于美洲西海岸的智利抓住商机,向加利福尼亚供应小麦和面粉,出口量由 1848 年的 6000 公担增加到 1850 年的 50 万公担。到了 1855 年,加利福尼亚已经实行了粮食自给,同年智利对另一个"淘金热"地区——澳大利亚的粮食出口则达到了高峰(270 万比索),随后也陷于衰退。但随着海运条件的改善,19 世纪 60 年代中期之后,智利向废除了《谷物法》的英国大量出口小麦和大麦,其粮食出口量在 1874 年达到历史最高纪录——200 万公担。②智利大庄园继续扮演出口农产品生产者的角色,将智利绝大多数土地和劳动力纳入其生产体系。1880 年,潘戈谷地 5000 公顷以上的大庄园占据了近 10.8 万公顷的土地, 约占当地地产总面积的 62%,1000 公顷以下地产所占的比重仅为 11%。③在拉里瓜,占地产主总数仅 4.9%的 8 家大庄园主却垄断了当地 96%(约 14.3 万公顷)的土地。考波利坎 56%的地产(10 余万公顷)被 5 家(地产主总数的 0.5%)5000 公顷以上的大庄园占有。④为了满足小

---

① See Mario Góngora, *Origen de los inquilinos de Chile Central*, Santiago de Chile: Universidad de Chile, 1960, pp.49–104.

② See Simon Collier and William F. Sater, *A History of Chile, 1808-2002*, Second Edition, New York: Cambridge University Press, 2004, pp.81–82.

③ See Jean Borde y Mario Góngora, *Evolución de la propiedad rural en el Valle de Puangue*, Tomo Ⅰ, Santiago de Chile: Universidad de Chile, 1956, p.90.

④ See Arnold J. Bauer, *La sociedad rural chilena: desde la conquista española a nuestros días*, Santiago de Chile: Editorial Andres Bello, 1994, pp.151–153.

麦出口需求,大庄园主不断增加耕地面积,同时吸纳更多的劳动力从事小麦生产。旧劳役佃农的负担增加,其提供的常年义务工(peón obligado)由先前的一名增加到两名以上。他们的亲属或外来雇工有机会成为定居于庄园的新劳役佃农,但获得的小块份地面积较之前减少。贫瘠的海岸山和安第斯山地区还实行分成制。大量流动人口成为从事小麦收割和扬场的季节工,他们逐渐在大庄园周边定居,形成了小村落,生活难以自给的小农也加入到他们的群体中。[①]与此同时,大庄园还垄断了乡村流通体系,其开办的杂货店(pulpería)向庄园居民供应日常生活用品,季节工的工资也常折算为杂货店的购物券。

总之,智利的传统社会是以大庄园为基础的乡村社会,其具有如下特征。首先,乡村人口占国家总人口的主体。1865 年,智利人口总数为 180 多万,其中乡村人口为 142 万,所占比重达 78%;1875 年,乡村人口接近 154 万,在总人口中的比重仍高达 74%。[②]其次,农业生产方式是前资本主义的。大庄园主占有绝大多数地产,土地没有成为自由流动的生产要素。大庄园的生产技术滞后,主要通过增加耕地面积和劳动力数量的方式来提高产量,农业生产效率很低。劳役佃农在经济上依附于大庄园主,与后者形成了"主从-庇护"的家长制关系。季节工和大庄园主也不是严格意义上的雇佣关系,他们按习惯和风俗去大庄园干农活儿,工资也常以日常消费的实物支付。再次,农业的交换方式带有资本主义特征。智利大庄园诞生于殖民地时期的小麦出口贸易,在独立后的小麦出口繁荣时期得到巩固,是外向型农业商品经济的产物,而不是封闭的封建生产单位。最后,智利乡村社会的种族特征是二元

---

① See Arnold J. Bauer, Chilean Rural Labor in the Nineteenth Century, *The American Historical Review*, Vol.76, No.4(Oct., 1971), pp.1059–1083.

② See Carlos Hurtado Ruiz-Tagle, *Concentración de población y desarrollo económico: elcaso Chileno*, Santiago de Chile: Universidad de Chile, 1966, p.146.

性。①白人权贵成为大庄园主,而印欧混血种人则沦为劳役佃农或季节工。

二、寡头威权主义政治制度

1818 年 2 月 12 日,智利正式宣布独立,成立了共和国。但这个新生国家的经济社会结构并没有发生变革, 以大庄园主为主体的寡头集团攫取了国家权力。为了确立统治秩序, 以波塔莱斯为代表的寡头集团保守派颁布了1833 年宪法,奠定了寡头威权主义政治制度。该制度根植于白人—印欧混血种人的种族文化结构和以土地寡头—依附农民为主体的社会结构之上,具有很强的稳定性。

在建国初期,智利的自由派和保守派进行了激烈斗争,最终以保守派的胜利而告终。自由派受到欧美启蒙思想的影响,试图铲除西班牙殖民制度的遗产, 建立西方式的民主政体。贝尔纳多·奥伊金斯(Bernardo O'Higgins, 1817—1823 年执政)创办新式学校,建立新教徒墓地和公共墓地,取缔贵族头衔,并试图废除长子继承制。拉蒙·弗莱雷(Ramón Freire,1823—1826 年执政)继续打击贵族特权,还没收教团教士的财产,颁布分配公地的法令,并试图将自然科学引入国民教育。上述举措遭到了以大庄园主和天主教会为代表的保守势力的激烈抵制, 他们极力维持殖民地时期确立的社会秩序。在1833 年之前,自由派先后制定了五部宪法。1812 年宪法是由何塞·米格尔·卡雷拉(José Miguel Carrera,1811—1814 年执政)颁布的,是一部包括 27 个条款的临时法典。奥伊金斯制定了 1818 年和 1822 年宪法,规定了政府机构

---

① 殖民地末期,在智利中部 50 万人口中,白人不足 2/5(半岛人不足 2 万,克里奥尔人约为 15 万),梅斯蒂索人约占 3/5。黑人和穆拉托人只有 2 万,印第安人约为 2000~3000 人。同时,南方有 10 万未被征服的印第安人,其分布在一条已经被承认的疆界(比奥比奥河)之外。因此,到 1800 年,智利中部已是一个只有白人和混血人的殖民地。参见[智利]路易斯·加尔达梅斯著、[美]考克斯编:《智利史》,辽宁大学历史系译,辽宁人民出版社,1975,第 193~194 页。

的分工,并确保最高执政的权力。1823 年宪法由弗莱雷颁布,其基本框架是行政、立法和司法三权分立,但包括约束私人生活的内容。1828 年宪法是由弗朗西斯科·安东尼奥·平托(Francisco Antonio Pinto,1927—1929 年执政)颁布的,确立了立法权的主导地位,并实行联邦制。这些宪法或者未颁行,或者引发了政治冲突。在保守派的抵制下,奥伊金斯于 1823 年辞职,并流亡秘鲁。1830 年 4 月 17 日,弗莱雷率领的自由派军队在利尔凯之战中惨败,保守派取得了政权,史称"专制共和国"。

保守派获胜后,波塔莱斯推动了 1833 年宪法的制定和颁布,奠定了寡头威权主义政治制度的基础。迭戈·波塔莱斯(Diego Portales)生于圣地亚哥的名门望族,早年专注于经商,其政治理想是"建立强大的、集权的政府,官员成为美德和爱国主义的真正典范,并以此引导公民遵守秩序和美德"[1]。1830 年,他被保守派任命为内政-外交部、陆军-海军部两个部的部长,很快因其政治才能而成为政府的主宰者。波塔莱斯采取铁腕政策,以平息政治动乱。一方面,他排斥军人干政,解除了许多将领的职务,重组民团和国民卫队,用准军事力量制约军队。另一方面,他严厉打击自由党人,压制反对派舆论。这些措施扭转了持续恶化的社会局势,国家开始步入正轨。在他的推动下,华金·普列托(Joaquín Prieto,1831—1841 年执政)在 1828 年宪法的基础上制定了一部新宪法,马里亚诺·埃加尼亚发挥了重要作用,著名学者安德烈斯·贝略(Andrés Bello)参与了定稿。新宪法于 1833 年 5 月生效,其体现了中央集权制、精英政治和天主教权威三大基本原则。总统被赋予强大的权力,每届任期五年,可以连任两届,享有对议会立法的几乎绝对的否决权,有权任命从中央到地方的所有高级官员,经授权可以宣布国家实行戒严。宪法对选举权作了较为严格的限制,选举人必须是年满 25 岁男子、有阅读书写能力和

---

① See Diego Portales,A J. M. Cea,Lima,Marzo de 1822,en Raúl Silva Castro,*Ideas y confesiones de Portales*,Santiago de Chile:Editorial del Pacífico,1954,p.15.

拥有法律所规定的财产资格的公民。宪法重新确立了永久性的长子继承制，规定罗马天主教是国教。[①] 1833 年宪法将智利的殖民制度遗产纳入西方宪政框架，实现了波塔莱斯"用传统维护智利社会秩序"的目的。[②]虽然这部宪法带有浓厚的威权主义色彩，但其符合当时智利的社会现实，不仅保证了智利早期的政治稳定，而且成为其宪政传统的滥觞。

1831—1871 年，智利出现四届连续任职十年的政府，分别是普列托、布尔内斯、蒙特和佩雷斯，1871—1876 年是埃拉苏里斯当政，他们进一步完善了 1833 年宪法所奠定的政治制度。一方面，保守派逐渐与自由派和解，扩大了政权基础。普列托在卸任前恢复了 1830 年被开除的一些军官的军阶。曼努埃尔·布尔内斯（Manuel Bulnes，1841—1851 年执政）对政治犯实行了大赦，还向被开除的已过世军官的遗孀发放了抚恤金。这些措施有助于化解保守派与自由派的历史积怨。在曼努埃尔·蒙特（Manuel Montt，1851—1861 年执政）末期，反对蒙特的保守党人与自由党人结成了同盟，而支持蒙特的保守党人则成立了国民党。1863 年，以佩德罗·莱昂·加略（Pedro León Gallo）为首的自由党激进派组建了激进党。从何塞·华金·佩雷斯（José Joaquín Pérez，1861—1871 年执政）开始，智利进入了所谓的"自由共和国"，自由党开始主导政局，但政党联盟的作用越来越大。不过，此时的"政党"不过是上层阶级政治家及其追随者的松散联盟，没有正式的全国性组织和分明的阵线。[③]另一方面，历届政府对国家的法律制度进行了修改，增加了许多民主内容。蒙特政府颁布了由安德烈斯·贝略制定的 1855 年民法典，并废除了长子继承

---

① See *Constitution de la Republic de Chile，Jurada y promulgada el 25 de mayo de 1833*，Santiago de Chile：Imprenta de la Opinión，1833.

② See Raúl Silva Castro，*Ideas y confesiones de Portales*，Santiago de Chile：Editorial del Pacífico，1954，p.43.

③ See Simon Collier and William F. Sater，*A History of Chile，1808-2002*，Second Edition，New York：Cambridge University Press，2004，p.122.

制。19 世纪 70 年代的宪法修正案禁止总统连任,选举法改革则限制了总统干预选举的权力,降低了选举人的资格标准,新的刑法典废除了教士的司法特权,等等。

智利的寡头威权主义政治制度建立在白人—印欧混血种人的种族文化结构和以土地寡头—依附农民为主体的社会结构之上,具有很强的稳定性。统治集团是"巴斯克-卡斯蒂利亚"白人精英阶层,是由殖民地早期的卡斯蒂利亚军事权贵和晚期的巴斯克商业移民融合而成的大庄园主阶层,并吸纳了大商人和大矿主群体。土地是他们联合的纽带,新贵族用经商或开矿的利润购买土地,进而跻身社会上层,大庄园主之间也通过联姻加强联系。土地寡头的代表是十二个权贵家族,他们的姓氏分别是奥萨(Ossa)、拉腊因(Larrín)、科雷亚(Correa)、奥瓦列(Ovalle)、巴尔德斯(Valdés)、巴尔马塞达(Balmaceda)、埃拉苏里斯(Errázuriz)、比库尼亚(Vicuña)、埃切维里亚(Echeverría)、叙贝尔卡赛奥(Subercaseaux)、鲁伊斯-塔格莱(Ruiz-Tagle)、加西亚·维多夫罗(García-Huidobro)。①以他们为代表的大庄园主阶层主导了19 世纪和 20 世纪初的智利政治,如巴斯克裔的埃拉苏里斯家族在 1831—1927 年间涌现出了四位总统、一位大主教和五十九位国会议员。②

普通白人往往成为大庄园管家、中小庄园主、军人、律师、教士、政府雇员、教师等职业者,构成中间阶层。作为被统治阶层的混血种人,他们大多属于在经济上依附于大庄园主的劳役佃农或季节工,有的沦为社会边缘的流民群体,北部矿区还存在一个由乡村移民构成的矿工阶层,城市中的混血种人多为手工业者、小商人或雇工,也有少数混血种人通过服兵役跻身中间阶层。混血种人往往因财产资格或读写能力的限制而被剥夺选举权,即使被大

---

① See Arnold J. Bauer, *La sociedad rural chilena:desde la conquista española a nuestros días*, Santiago de Chile:Editorial Andres Bello,1994,p.205.

② See Brian Loveman, *Chile:The Legacy of Hispanic Capitalism*,Second Edition,New York:Oxford University Press,2001,p.139.

庄园主登记为选民，也只是成为土地寡头操纵选举的工具。尽管如此，寡头威权主义政治还是符合当时智利的社会现实，其稳定性的基础是相对同质的白人—混血人种族文化结构和以土地寡头—依附农民为主体的社会结构。与之相比，同时期的墨西哥和秘鲁等地形成了白人、混血人和印第安人的三重种族文化结构，其劳动制度和社会结构也较智利更为复杂，所以这些国家陷入了长达半个世纪的考迪罗混战，而没有出现智利那样的早期政治稳定。

三、保守的天主教文化传统

与大庄园制经济基础和寡头威权主义政治制度相对应，智利传统社会中居统治地位的意识形态是保守的天主教文化。天主教伦理道德束缚着民众的生活和思想，世俗教育和文化受到排斥。天主教会维护土地寡头的统治秩序，阻碍进步的社会改革，成为寡头威权主义政治的精神支柱。

自殖民征服到现代化启动，天主教会长期主导着智利人的精神生活。剑与十字架是西班牙人征服新大陆的典型标志，天主教是西属美洲的精神权威，教会的影响伴随一个人从出生、成长、结婚到死亡。在殖民地时期，智利拥有圣地亚哥和康塞普西翁两个主教区，每个主教区下面又分为许多教区。独立之后，智利并没有发生激烈的反教权运动，而且 1833 年宪法将天主教定为智利国教，这种地位一直保持到 1925 年。相比于法律制度的保障，天主教在智利社会生活中的主导地位也非常牢固。教士是当时主要的知识群体，掌管着登记出生、结婚和死亡的民事权力，控制着公墓的使用权，通过遍布各地的教堂和修道院施加其影响。教会在基层社会的影响远远超过政府，在政府尚未触及的偏僻乡村或未被征服的马普切人地区都不乏传教士。智利传统社会的主体是未受过教育的依附性农民。1854 年，在全国 140 多万人口中,文盲率高达86.5%;1865年,人口总数为180多万,文盲率高达83%;现代化启动前的1875年,总人口已增长到200多万,但文盲率仍达77%。①对于这样一个主要从事体力劳动且没有文化知识的庞大群体而言,日常的宗教仪式是他们的主要精神文化活动,教士布道和他们的生活息息相关。天主教伦理道德潜移默化地影响着普通民众的生活,如保持对上帝的虔诚、维护家长制权威,这纵然起到了维系社会认同的作用,但却不利于启蒙教育。

天主教会长期控制着国民教育,灌输神学思想,排斥自然科学和自由思想。在殖民地时期,多米尼加、耶稣会等教团在智利创办了一些学院,开设拉丁文、哲学与神学,18世纪中叶建立的圣菲力大学主要培养神学和法律人才。教会通过宗教法庭监控"异端"思想,进口书籍受到严格控制,智利在殖民地时期连份报纸都没有。独立后,奥伊金斯聘任英国新教徒教师传授兰开斯特教学法,在瓦尔帕莱索为新教徒建立墓地,遭到了天主教的敌视和抵制。1833年宪法规定国家要重视发展公共教育,但教育内容和模式仍受到教会的影响。神学是从小学到大学的必备科目,甚至可以说是最重要的科目。天主教会也积极创办学校,使其成为捍卫传统教育的堡垒。在费德里科·埃拉苏里斯(Federico Errázuriz,1871—1876年执政)当政时期,保守党人鼓吹,在公立学校中重视自然科学是违反宗教信仰并且有损于个人品德的。他们反对公立学校对私立学校(多为天主教会创办)教学和考试的监督,所以担任教育部长的保守党人阿夫东·西富恩特斯(Abdón Cifuentes)在1872年颁布法令,废除了公立学校教员对私立学校学生进行考试的权利,还允许私立中学在大学教学大纲最低要求的范围内减掉课程中他们认为应当减掉的科目。这不仅导致私立学校的教学秩序混乱和教学质量下降,还迫使主张和支持开设自然科学课程的巴罗斯·阿拉纳(Barros Arana)辞去了国民学院院长

---

① See Amanda Labarca Hubertson, *Historia de la enseñanza en Chile*, Santiago de Chile: Imprenta Universitaria, 1939, p.276.

的职务。①自由思想受到教会的严厉压制。1844 年,国民学院法律系的学生弗朗西斯科·毕尔巴鄂(Francisco Bilbao)因发表抨击教权的文章而受到起诉,被法院以"渎神和道德败坏"罪判处罚款。他还被学校开除,刊登其文章的杂志也被收缴和烧毁,后来毕尔巴鄂创办了平等社。教会以《天主教评论》为喉舌,通过布道操纵舆论,将有损教会权威的言论斥为"异端"。圣地亚哥大主教在 1853 年发布告示,谴责所有被怀疑为异端、被开除教籍或以任何方式败坏传统的人。②

天主教会维护土地寡头的统治秩序,阻碍进步的社会改革。高级教士往往出自土地权贵家族,中下级教士也多属于大庄园主阶层的子嗣或亲属,教会还通过接受信徒馈赠或购买的方式占有大量地产,他们与土地寡头有着天然的联系,并成为智利寡头威权主义政治的精神支柱。挑战土地寡头统治秩序的行为受到教会的监控和谴责,严重者会被开除教籍,神学教育在很大程度上起着愚民的作用。在经济生活中,天主教伦理也成为维护土地寡头利益的说教工具。如 1850 年之后,铁路建设吸引乡村人口外出务工,导致大庄园劳动力短缺,大庄园主求助于教会。主教们让牧区教士痛斥移民行为,理由是其破坏家庭生活。大庄园主为了用实物支付季节工的工资,搬出带有宗教色彩的理由——"工资导致恶习,工资越多,恶习越多"。③天主教会与保守党结成了天然的联盟,维护教权也成了他们最鲜明的政治主张。

独立后,智利保守派政府将天主教立为国教,教会保留了征收什一税的权力,教士享有不受世俗法庭审判的特权。1847—1878 年担任圣地亚哥大主

① 参见[智利]路易斯·加尔达梅斯著、[美]考克斯编:《智利史》,辽宁大学历史系译,辽宁人民出版社,1975 年,第 592~593 页。

② See Simon Collier, *Chile: The Making of a Republic, 1830–1865: Politics and Ideas*, New York: Cambridge University Press, 2003, pp.68–69, pp.194–195.

③ See Arnold J. Bauer, Chilean Rural Labor in the Nineteenth Century, *The American Historical Review*, Vol.76, No.4(Oct., 1971), p.1081.

教的拉斐尔·巴伦廷·巴尔迪维索(Rafael Valentín Valdivieso)是一位教宗极权主义者,他坚决维护教会的司法特权,而且反对政府染指婚丧等民政管理权力。每当国家试图限制教会特权时,教士就会利用宗教仪式、教会学校或报纸大肆攻击政府,煽动信徒向政府施加压力,甚至以开除教籍来威胁自由派政治家,地震也常常被教会附会为"渎神"导致的天谴。外国新教徒移民受到天主教会的敌视,智利政府在最初招募欧洲移民时甚至要求对方须为天主教徒。[①]

四、传统社会中的现代因素

智利传统社会不是封闭的实体,而是具有开放性,其与欧美早发现代化国家保持着经济和文化联系,并在早期政治稳定和经济发展的环境中孕育了诸多现代因素,如现代交通和通信设施的建立、现代工业的萌芽、科学知识的传播和城市职能的转变,这些成为智利早期现代化启动的重要条件。

在早期出口经济的带动下,智利开始铁路建设,并引入蒸汽轮船和电报。从殖民地时期开始,智利长期依赖畜力拉运的传统运输方式,运量有限且费用昂贵,难以满足 19 世纪中期大宗产品出口增长的需要。1851 年,小北地区[②]的富裕矿主集资建成了从科皮亚波矿区到卡尔德拉港的铁路,长约 80 千米,这是智利的首条铁路。与此同时,中央谷地农业区也开始兴建铁路,仅 1859 年智利政府就从英国募集了近 140 万磅(约 700 万比索)的贷款,用于

---

① See George F. W. Young, Bernardo Philippi, Initiator of German Colonization in Chile, *The Hispanic American Historical Review*, Vol.51, No.3(Aug., 1971), pp.478–496.

② 小北地区(norte chico)包括科金博和阿塔卡玛两省,是智利传统的铜产区。太平洋战争结束后,更靠北的安托法加斯塔和塔拉帕卡地区被并入智利领土,称为大北地区(norte grande)。

投资铁路建设。[①] 1861年,中央谷地仅有159千米的铁路,包括瓦尔帕莱索至基约塔、圣地亚哥至雷吉诺亚两段。但是到了1878年,中央谷地的铁路运输里程已经达到了950千米,铁路线由瓦尔帕莱索港一直延伸到比奥比奥河以南的安戈尔。[②]海运条件也大为改善,1840年美国人威廉·惠尔赖特(William Wheelwright)将明轮蒸汽机船引入智利,使智利到欧洲的航海时间由3个月以上缩短为40天以内,他创办的太平洋轮船航运公司开辟了瓦尔帕莱索到利物浦的直航业务。惠尔赖特还于1852年架设了智利的第一条电缆,1876年智利的国有电报系统拥有48个电报局和1600英里线路。1872年,圣地亚哥和布宜诺斯艾利斯的电缆接通。两年后,巴西到欧洲的海底电缆铺成,智利和旧大陆建立了实时的信息联系,智利的报纸有史以来第一次直接报道了欧洲新闻。[③]现代运输和通信方式的引入给智利带来了深远的影响,这个天涯之国和外部的经济文化交流愈加活跃。同时,铁路和电报加强了智利国内各区域间的联系,巩固了国家统一,并推动了边疆地区的开发。

在早期经济发展时期,机器已经被引入智利的生产领域,并出现了现代工业的萌芽。1830—1879年的农矿业出口增长刺激了出口加工业的发展,使用机器生产的炼铜业和面粉业诞生,成为智利现代工业的滥觞。外国移民企业家是引入和使用机器的先导者。英国人查尔斯·兰伯特(Charles Lambert)将反射炉引入智利的小北矿区,推动了19世纪30年代智利炼铜业的技术革新。以乌尔梅内塔(Urmeneta)为代表的本土大矿主逐渐放弃传统的生产方法,转而使用蒸汽机带动水泵和碾磨机,聘请外国工程师,用铁路将矿石运

① See Robert Oppenheimer, National Capital and National Development: Financing Chile's Central Valley Railroads, *The Business History Review*, Vol.56, No.1(Spring, 1982), p.70.

② See Luis Ortega Martínez, Acerca de los orígenes de la industrialización chilena, 1860-1879, *Nueva Historia*, Vol.1, No.2(1981), p.5.

③ See Simon Collier and William F. Sater, *A History of Chile, 1808-2002*, Second Edition, New York: Cambridge University Press, 2004, p.85.

到冶炼厂,使用进口或本地的煤炭作为燃料。库西尼奥(Cousiño)于1852年开发了康塞普西翁附近的洛塔煤矿,当年产煤7815吨,有125名工人和雇员。10年后,洛塔煤矿的日均产量达到200吨,工人数量增至600人。1863年矿区共有18台蒸汽机,总功率达到400马力。[①] 1850年前后,粮食出口带动了智利面粉业的发展,美国投资者促进了碾磨技术的革新,圣地亚哥和康塞普西翁地区的面粉厂开始使用机磨和蒸汽动力。1874年,塔尔卡的一家面粉厂使用从美国进口的涡轮机和机磨,一天能够磨麦1500担。[②]面向国内市场的制造业也有一定发展,如食品、酿酒、纺织、木材加工,等等。有学者估计,1876年智利拥有使用蒸汽动力的现代工厂124家,工人总数达6596人,其中食品制造业有35家工厂和1153名工人,金属冶炼和铸造部门有31家工厂和3170名工人。[③]

在外国学者和本国政府的努力下,智利在建国后发展国民教育,引入和传播了现代科学知识。19世纪中期,西班牙语美洲国家普遍陷入政治分裂与混战,同时期的欧洲大陆则处于跌宕起伏的革命浪潮之中。而智利在1833年后就实现了政治稳定,并成为拉美和欧洲国家流亡政客和文人的栖身之地,这些异域来访者成为19世纪智利教育和文化事业的奠基者。如委内瑞拉的杰出学者安德烈斯·贝略出任智利大学的首任校长,推动了智利高等教育和文化事业的发展,还编纂了智利1855年民法典。流亡智利的阿根廷知识分子群体活跃了当地的文化氛围,后来成为阿根廷总统的多明戈·萨米恩托(Domingo Sarmiento)还被任命为圣地亚哥师范学校的首任校长。法国学者

---

① See Octavio Astorquiza, Oscar Galleguillos V., *Cien años del carbón de Lota*, 1852–septiembre–1952, Santiago de Chile: Compañía Carbonífera e Industrial de Lota, 1952, p.114, p.121, p.126.

② See J. Fred Rippy and Jack Pfeiffer, Notes on the Dawn of Manufacturing in Chile, *The Hispanic American Historical Review*, Vol.28, No.2(May, 1948), pp.296–297, p.300.

③ See Luis Ortega Martínez, *Chile en ruta al capitalismo: cambio, euforia y depression*, 1850–1880, Santiago de Chile: Dirección de Bibliotecas, Archivos y Museos, 2005, p.258.

库赛尔-塞讷伊(Courcelle-Seneuil)于 1855—1863 年在圣地亚哥任教,为智利培养了第一代古典经济学家。波兰学者伊格纳西奥·多梅科(Ignacio Domeyko)在智利讲授矿物学,并提议进行中等教育改革,被智利政府采纳并于 1843 年在国民学院实行。法国医生洛伦索·萨西耶(Lorenzo Sazie)被聘为医学教授。德国天文学家卡洛斯·莫埃斯塔(Carlos Moesta)被任命为国立天文台的台长,等等。①除了外国学者的帮助,智利政府也大力推动公共教育的发展。1833 年宪法将发展公共教育定为基本国策,1842 年智利大学和圣地亚哥师范学校建立。蒙特总统大力发展初等教育和师范教育,并普及女子教育。智利公立小学的数量由 1852 年的 186 所增加到 1860 年的 486 所,同时期入学男童的数量也由不足 9000 人增加到 23000 万人,而入学女童的数量则由 1200 人增加至 6400 人。②学校课程体系也日渐完善,国民学院院长巴罗斯·阿拉纳在教学大纲中增加自然科学课程的比重,适应经济发展的矿业和商业学校也建立起来。尽管保守的天主教文化仍居于统治地位,但在独立后出生的智利人受殖民地传统的影响较其先辈要弱得多,他们越来越多地沉浸在现代文化气息中。

随着早期经济发展,智利的城市职能和面貌开始发生重要转变。智利的城市传统源于西班牙人的殖民征服,最早的城市是 1541 年建立的圣地亚哥城,瓦尔帕莱索、康塞普西翁、拉塞雷纳、瓦尔迪维亚等城市也建于殖民地时期。但除了圣地亚哥,殖民地时期智利的城市或城镇规模很小,主要功能是行政中心或军事据点。城市是乡村社会的延伸,等级分明,上层权贵由委托监护主和大庄园主构成,中间阶层包括商人、律师和其他自由职业者、西班牙手工业者,下层社会容纳了从事兵役、雇工或手工业的贫穷白人、梅斯蒂

---

① 参见[智利]路易斯·加尔达梅斯著、[美]考克斯编:《智利史》,辽宁大学历史系译,辽宁人民出版社,1975 年,第 520~530 页、551~555 页。

② See Amanda Labarca Hubertson, *Historia de la enseñanza en Chile*, Santiago de Chile: Imprenta Universitaria, 1939, p.148.

索人、印第安人、黑人和穆拉托人等群体。[①]独立初期，智利的城市改观不大，其职能的转变始于19世纪中期的经济发展。铁路的修建加快了商品和人口的流动，新兴的制造业、银行、保险等部门促进了城市经济的多样化和人口增长。瓦尔帕莱索成为美洲西海岸的贸易中心，吸引了大批英国商业移民，其人口总数在1875年接近了10万。首都圣地亚哥不仅巩固了政治和文化中心的地位，而且成为中央谷地的经济中心和交通枢纽，其人口总数在1875年超过了15万人。小北地区的铜、银矿业的发展带动了科皮亚波和拉塞雷纳的发展，南方的小麦出口促进了康塞普西翁的发展，这三座城市的人口数在1875年分别为1.1万、1.4万和1.8万。[②]智利政府重视市政建设，以圣地亚哥省长本哈明·比库尼亚·麦肯纳（Benjamín Vicuña Mackenna）的成就最为突出，他对首都进行了系统规划和建设，被誉为"智利的奥斯曼"。[③]随着物质的进步，智利城市开始用煤气灯取代蜡烛照明，街道拓宽，欧洲风格的新建筑不断增多，消防队、电报局、铁路局等公用部门相继建立，城市的面貌大为改观。由于学校、报社和剧院等文化设施的增多，城市的文化中心地位也愈加明显。尽管如此，现代化启动前智利的城市规模还是很小，1879年前两万人以上的城市仅有圣地亚哥和瓦尔帕莱索。

---

① See Mario Góngora, Urban Social Stratification in Colonial Chile, *The Hispanic American Historical Review*, Vol.55, No.3 (Aug., 1975), pp.421–448.

② See La Oficina Central de Estadística, *Quinto Censo Jeneral de la Población de Chile: levantado el 19 de abril de 1875*, Valparaíso: Imprenta del Mercurio, 1876, p.L.

③ 乔治-欧仁·奥斯曼（George-Eugene Haussmann, 1809—1891年），曾任拿破仑三世时代的法国塞纳省省长，因主持了1852—1870年的巴黎城市规划而闻名。

第二节 领土扩张与新经济周期的形成

1879—1884年，智利与两个北方邻国——玻利维亚和秘鲁爆发了争夺阿塔卡马沙漠硝石矿区的战争,史称"太平洋战争"。这次战争不仅改变了南美洲西海岸的政治版图,而且开启了战胜国智利的早期现代化进程。由硝石出口所主导1879—1932年经济周期逐渐突破了1830—1879年经济周期的增长模式,推动了智利由传统社会向现代社会的初步转变。

一、太平洋战争与硝石经济

太平洋战争是一场地缘政治矛盾导致的资源争夺战,战胜国智利不仅通过这场战争摆脱了19世纪70年代的经济危机,并且在地缘政治压力下强化了自身的现代化意识。

太平洋战争爆发的根源是智利与两个北方邻国的地缘政治矛盾。智利、秘鲁和玻利维亚三国间的矛盾可以追溯到殖民地时期,当时秘鲁是西班牙在南美洲的政治中心,而玻利维亚(上秘鲁)因波托西银矿而成为经济中心。智利是西属美洲的边缘地区,在行政上隶属于秘鲁总督辖区,在经济上从属于波托西白银经济中心,其对外贸易受到利马商会的控制,出口的农畜产品被利马的船东和中间商压低价格。①因此,智利的克里奥尔人精英对秘鲁权贵的积怨很深,而独立战争和联邦战争进一步增加了双方的嫌隙。在独立战

---

① 受贸易垄断制度的束缚,智利产的母牛价格在17世纪下半期仅为1.5比索/头,小麦的价格在17世纪80年代约为2比索/法内加。Diego Barros Arana, *Historia general de Chile*, Tomo V, Santiago de Chile:Editorial Universitaria,1999,p.219.

争期间,智利成为率先诉诸独立的地区,而秘鲁依然是宗主国的坚固堡垒,曾派兵严厉镇压智利的爱国军队。当圣马丁光复智利后,智利最高执政奥伊金斯出资并派兵支持前者远征秘鲁,但军费由独立后的秘鲁政府偿还。

独立战争的这段经历对后世产生了深远影响,当智利和阿根廷发生领土纠纷时,两国政治家借助并肩作战的历史友谊去化解争端,但智利与秘鲁却只有对抗的记忆。西属南美洲独立后,玻利维亚总统安德列斯·德·圣克鲁斯(Andrés de Santa Cruz,1829—1839 年执政)在 1835—1836 年通过武力建立了秘鲁-玻利维亚联邦,这引起了智利人的不安,加之双方存在贸易和财政争端,波塔莱斯坚决要求智利政府对圣克鲁斯宣战。布尔内斯率领的智利军队深入秘鲁境内,打败了圣克鲁斯,促使秘玻联邦解体,也增加了历史积怨。领土纠纷是三国地缘政治矛盾的焦点,横亘在三国交界处的阿塔卡马沙漠(南纬 18°至 28°之间)在西班牙殖民统治时期从未明确划定归属。三个国家独立后,智利于 1842 年宣布其北部边界为南纬 23°线,但玻利维亚认为智利的主权仅限于南纬 26°线以南,双方于 1866 年签订条约,将边界划定在南纬 24°线。①智利占有沙漠南端的阿塔卡马省,玻利维亚占有沙漠中部的安托法加斯塔地区,沙漠北部的塔拉帕卡地区属于秘鲁。但是玻利维亚和秘鲁并未对所属地区进行有效开发,反倒是大批智利人越界进行矿业开采,担心主权受损的秘鲁和玻利维亚政府于 1873 年签订了秘密的攻守同盟条约,为 1879 年战争的爆发埋下了伏笔。

太平洋战争爆发的直接原因是对阿塔卡马沙漠硝石资源的争夺,智利最终成为胜利的一方。1866—1868 年,智利人在安托法加斯塔附近发现了硝石矿藏,并获得了玻利维亚政府的特许权,随后智利和英国投资人合伙成立了安托法加斯塔硝石和铁路公司,其中智利矿业大亨爱德华兹(Edwards)拥

---

① See Gonzalo Bulnes, *Guerra del Pacífico*, Tomo Ⅰ, Valparaíso: Sociedad Imprenta y Litografía Universo, 1911, p.14.

有42%的股份,另一位智利商人普埃尔马(Puelma)在1872年持有34%的股份。智利的一些国会议员和政府官员也持有该公司的股票,在很大程度上影响了智利政府的决策。①智利硝石公司在安托法加斯塔开采硝石,投资修建铁路、港口和城镇,并一直深入到秘鲁的塔拉帕卡地区。作为主权拥有国的玻利维亚和秘鲁则用税收手段抵制智利人的经济扩张。1875年,秘鲁政府征收了塔拉帕卡的智利硝石公司,仅支付没有信誉保障的证券。1878年,玻利维亚政府违背1874年条约。向智利硝石公司课以新的重税,并将拒绝缴纳新税的智利硝石公司收归国有,这成为战争的导火索。②智利军队于1879年2月进占安托法加斯塔,并于同年4月向秘鲁和玻利维亚宣战。阿塔卡玛沙漠地区陆路补给不便,海路运输是生命线,智利军队通过1879年的海战夺得了制海权,并用军舰运输陆军迂回进攻秘玻联军的结合部,先后占领了塔拉帕卡、塔克纳和阿里卡,并于1881年攻占了秘鲁首都利马。1883年10月,秘鲁同智利签订了安贡条约,将塔拉帕卡省永久割让给智利,塔克纳和阿里卡两省由智利管辖10年,期满后由当地居民投票决定归属。次年4月,玻利维亚和智利签订了停战协定,安托法加斯塔划归智利。

太平洋战争的胜利使智利的领土面积增加了1/3,智利能够战胜人口和领土多于自己的两个邻国,其原因主要有四点:一是智利国内政治稳定,各党派和各阶层协力应对战争,而秘鲁和玻利维亚国内政局动荡,政治纷争加速了战争的失败;二是智利军队的素质较高,其军官大多毕业于正规军校,普通士兵的纪律性很强,而秘玻联军大多为强征的士兵;三是智利政府开展

---

① See Luis Ortega, Los empresarios, la política y los orígenes de la Guerra del Pacífico, *Programa FLACSO–Santiago de Chile*, No.24(April, 1984), p.76.

② 玻利维亚和智利在1874年签订的条约规定,智利放弃在1866年条约中享有的南纬24°线以北的全部权利,但玻利维亚政府不得对智利硝石公司课以新税。

了卓有成效的外交,以领土让步的方式确保阿根廷保持中立,[①]通过谈判避免了欧美列强的武装干涉,使自己免于多边作战;四是智利军队的战略战术正确,先夺得攸关胜负的制海权,进而实行迂回包抄战略,而秘玻联军采取被动防守的策略。

智利通过太平洋战争摆脱了 19 世纪 70 年代的经济危机,并开启了硝石出口带动的 1879—1932 年经济周期。在太平洋战争爆发前,智利深陷经济危机,主要表现为:小北地区的铜、银富矿开采殆尽,导致矿业生产锐减;自然灾害导致农业歉收,新兴小麦出口国的竞争推动国际粮价下跌,排挤了智利小麦和面粉的出口市场;国际收支不平衡加剧,发行纸币引发物价上涨。太平洋战争转移了智利国内的矛盾,领土扩张给智利带来了丰富的矿产资源,使其进入了一个新的经济增长周期。

由安托法加斯塔和塔拉帕卡组成的大北地区位于安第斯山西麓,在第三纪火山活动的作用下,该区域形成了重要的含矿侵入带,当地干燥少雨的气候又利于矿床的保存,重要的矿产包括铜、硫、钼、金、银等。硝石(硝酸钠)储量丰富,但不是地壳活动的结果,而是源于蒸发导致的盐分积聚。硝石一般产于山麓地带,这里堆积的砾石曾受过硝酸的浸凝,因而成为硝土。硝土一般聚积在地下 1 至 2 米,厚度由数厘米到 2 至 3 米不等,一般约厚 30 厘米,硝石含量一般约为 40%。[②]当时的硝石生产工序主要分为四道:首先用炸药除去表土,然后开采出硝土并运至加工厂,在那里进行萃取,最后装袋运往港口。硝石含氮量高,可用于制造化肥和炸药,欧美国家的需求刺激了智利的硝石生产和出口。1880 年,智利的硝石出口量仅为 22.4 万吨,约为 2000 万美元;1890 年突破了 100 万吨, 价值 5000 万美元;1908 年超过了 200 万

---

① 阿根廷和智利存在巴塔哥尼亚高原和麦哲伦海峡的争端,并因此加入了秘鲁和玻利维亚的攻守同盟条约。

② 参见李春芬:《南美洲地理环境的结构》,科学出版社,1962 年,第 33~42 页。

吨,约为1.36亿美元;1916年接近300万吨,价值2亿多美元;1920年的出口量为280万吨,但出口值却达到创纪录的4亿多美元。1880—1924年,硝石及其副产品碘的出口税在智利政府日常收入中的比重约为42%,最高年份超过了60%。①硝石出口成为智利1879—1932年经济周期的引擎,充足的硝石财政收入保障了基础设施建设和社会事业发展,而矿区市场的扩大则推动了早期工业化和农业发展。

太平洋战争导致南美洲南部的地缘政治压力加剧,但促使智利政府强化了现代化意识。虽然秘鲁和玻利维亚均以条约的形式割让了领土,但其国内的民族主义者将其视为丧权辱国的行为,并试图重新调整边界,如玻利维亚至今仍希望从智利获得出海口。安贡条约规定,塔克纳和阿里卡两省由智利管辖10年,期满后由当地居民投票决定归属,但两国一直没有在投票方式问题上达成共识,以至于这两地的归属问题一直拖到1929年才解决。阿里卡-塔克纳争端一度令秘鲁和智利剑拔弩张,当时被称为南美的"阿尔萨斯-洛林问题"。②19世纪末至20世纪初,智利和阿根廷的领土争端加剧,几乎到了兵戎相见的地步,涉及的地区包括麦哲伦海峡、巴塔哥尼亚高原和阿塔卡马高原。前两个地区的争端自19世纪中期以来就存在,阿塔卡马高原位于安托法加斯塔东部,其纠纷在太平洋战争之后出现。智利和阿根廷在1881年签订条约,规定按分水岭划分边界,但后来双方对该条款的解读发生严重分歧,并升级到扩军备战。经过艰苦谈判与英王爱德华七世的仲裁,双方于1902年最终解决了边界争端,但巴塔哥尼亚和阿塔卡马高原的大部分

---

① 硝石出口值按1960年的美元价格换算。Carmen Cariola Sutter y Osvaldo Sunkel, *La historia econoómica de Chile, 1830-1930: dos ensayos y una bibliografia*, Madrid: Ediciones Cultura Hispaánica del Instituto de Cooperacioón Iberoamericana, 1982, pp.126-127, p.138.

② See Unión de Labor Nacionalista de Peru, *The 'Alsace-Lorrain' Question of South America: Patriotic Protest of the Peruvian Society Called 'Unión de Labor Nacionalista' (Union of National Labor)*, Lima: El Progreso Editorial, 191-?.

划给了阿根廷,引起了智利民众的不满和失落。

与邻国发生争端的同时,智利还不得不应对美国的威胁。在太平洋战争期间,美国国务卿布莱恩①打着门罗主义旗号,以预防欧洲列强干涉为名,积极干预战后秩序的安排。其主要立场是反对交战国签订割让领土的条约,实际上是阻挠智利进行领土扩张,而当时秘鲁和玻利维亚政府也试图以经济权益换取美国政府的支持,由此引发了智利对美国的担忧和猜疑。战争结束后,美国政府试图不承认签订安贡条约的秘鲁米格尔·伊格莱西亚斯(Miguel Iglesias,1883—1885 年执政)政府,并在此后的泛美会议上就领土争端向智利施加压力,智利政府则担心美国对塔克纳和阿里卡归属问题进行强制仲裁。② 1891 年 10 月的"巴尔的摩号"事件进一步恶化了美智关系,当时美国巡洋舰"巴尔的摩号"的水兵在瓦尔帕莱索港与智利人发生斗殴,造成美国水兵 2 人死亡、18 人受伤。美国总统本杰明·哈里森(Benjamin Harrison,1889—1893 年执政)向智利政府发出了最后通牒,迫使后者进行道歉和赔偿。巴尔的摩号事件伤害了智利人的自尊心,激起了智利民众的反美情绪。

在这样一个充满争端的地缘政治环境中,智利政府产生了以现代化保障国家安全的发展意识,并以 19 世纪后期崛起的普鲁士为典范,积极实施富国强兵的措施,主要包括:①进行军事现代化,引进普鲁士军事体制;②推动教育现代化,也是从学习普鲁士的经验开始;③发挥政府在公共工程建设中的主导作用,如铁路、港口和城市建设;④采取了扶持民族工业发展的关税保护政策。

总之,太平洋战争对智利的意义并不仅限于军事上的胜利,新增领土的

---

① 詹姆斯·吉莱斯皮·布莱恩(James Gillespie Blaine)于 1881 年 3 月至 12 月、1889—1892 年担任美国国务卿。

② See Fredrick B. Pike, *Chile and the United States, 1880–1962: The Emergence of Chile's Social Crisis and the Challenge to United States Diplomacy*, University of Notre Dame Press, 1963, pp. 47–66.

资源开发推动了新经济周期的形成,地缘政治压力促使智利政府进行现代化实践,从而启动了智利早期现代化进程。因此,太平洋战争在智利历史进程中具有划时代的意义。

二、阿劳坎战争与南方拓殖

太平洋战争后,智利进占阿劳卡尼亚地区,开辟了新的农业拓殖区,并且使中北部地区和南部边疆连成一体,为早期现代化的启动提供了经济和政治上的保障。

阿劳卡尼亚地区位于比奥比奥河与托尔滕河之间,是马普切人的故乡,在历史上长期保持独立地位。这里的印第安人自称"马普切人"(Mapuche),意为土地的主人,西班牙人称其为"阿劳坎人"(Araucano)。马普切人骁勇善战,曾经成功抵御了印加帝国向南方的扩张。16世纪中期,自秘鲁南下的西班牙殖民者被马普切人阻遏在比奥比奥河一线,其实际统治区域局限在中央谷地,在南方仅拥有瓦尔迪维亚城、奇洛埃岛等少数据点。马普切人捕获敌人的马匹,组建了自己的骑兵,叛逃的西班牙士兵加速了这一进程。通过减轻马鞍的重量,马普切骑兵的机动性要优于西班牙人,在战斗中丝毫不逊于对手。[①]马普切人处在父系氏族社会阶段,没有形成集权的政治首脑,但分散的部落能够在战时结成紧密的同盟。其统帅托基(toki)根据选举产生,由擅长军事谋略的首领担任,如劳塔罗(Lautaro)和考波利坎(Caupolicán),后来圣马丁建立的共济会组织就被命名为"劳塔罗社"。智利成为西班牙美洲帝国唯一具有经常交战边界的地区,瓦尔迪维亚和洛约拉两位都统都命丧

---

① See Robert Charles Padden, Cultural Adaptation and Militant Autonomy among the Araucanians of Chile, in John E. Kicza, ed., *The Indian in Latin American History:Resistance, Resilience, and Accul-turation*, Wilmington:SR Books, 2004, pp.77–80.

疆场。马普切人的顽强抵抗迫使西班牙人定期开展和谈,从 1641 年的基林会议开始,交战双方长期保持时战时和的对峙局面,直至西班牙在美洲的殖民统治结束。智利独立之后,马普切人继续与新政权分庭抗礼,并利用智利军队北上参加太平洋战争之机,摧毁了楔入其区域内的一些军事据点。

从 19 世纪中期开始,智利政府不断蚕食阿劳卡尼亚地区,最终于太平洋战争后征服了这一区域。阿劳卡尼亚地区夹在中央谷地和南方湖区之间,北部边界为比奥比奥河,南部边界为托尔滕河,智利政府主要从北部推进。从 19 世纪 50 年代开始,智利军队在边境区修筑要塞,将政府的实际控制线向南推移,以形成对马普切人领地的包围。智利国会于 1866 年通过一项法令,授权政府在印第安人土地上建立居民点。1861—1883 年,边境区共建立了 21 座城镇。①这些城镇成为分割马普切人领地的据点。在托尔滕河以南地区,智利政府招募德国移民进行农业拓殖,建立了蒙特港,巩固了瓦尔迪维亚、奥索尔诺等传统据点,对阿劳卡尼亚南部边界形成了压力。面对智利政府的蚕食行动,马普切人进行了反击,并利用太平洋战争发动了起义,但自秘鲁凯旋的智利军队镇压了这次起义,并彻底完成对其领地的征服。此后,铁路线延伸到阿劳卡尼亚,更加便于政府的管辖和移民的进入,马普切人越来越局促于政府所划定的小块保留地内。

阿劳卡尼亚地区自然条件优越,成为智利新兴的农业拓殖区,缓解了中央谷地的人口压力。阿劳卡尼亚地区受到盛行西风的影响,气旋频繁过境,所以四季多雨,农业发展不受水源限制,但光照不及北部地区充足。本地区森林资源丰富,而且适合发展畜牧业。19 世纪中期之后,智利的人口增长加快,由 1854 年的 140 多万人增长到 1885 年的 250 多万人,而国家核心区域

---

① See Jorge Pinto Rodríguez, *La formación del estado y la nación, y el pueblo mapuche: de la inclusión a la exclusion*, Segunda Edición, Santiago de Chile: Dirección de Bibliotecas, Archivos y Museos, 2003, pp.194-195.

中央谷地的面积相对狭小,加之传统的大庄园制根深蒂固,人地矛盾不断加剧,太平洋战争后的边疆开拓在很大程度上缓解了中央谷地的人口压力,出现了两股移民潮。一部分剩余人口到北部硝石矿区谋生,其余的则到南方的阿劳卡尼亚进行农业拓殖,智利的小麦主产区也逐渐南移。1887年,智利政府在此设立了考廷省和马耶科省,这两个新行政区的人口在1895年分别达到了7.8万和9.8万,并出现了安戈尔、特木科、特赖根、新皇帝镇等新兴城市。[1]但是智利政府和移民不断侵吞马普切人世代居住的土地,使后者的经济状况持续恶化。

征服阿劳卡尼亚后,智利的中北部地区和南部边疆连成一体,保障了国家的统一。阿劳卡尼亚飞地横在中央谷地与南方的湖区、巴塔哥尼亚高原、麦哲伦海峡地区之间,使智利南北领土长期处于分离状态。占领阿劳卡尼亚之后,智利中北部区域与南方地区建立了直接的陆路联系,铁路线也由北部边陲的阿里卡延伸到南方雷龙卡湾的蒙特港,从而巩固了智利政府对南部地区的实际管辖。最南部的巴塔哥尼亚高原和麦哲伦海峡地区也开始得到有效开发和管辖,英国和德国移民利用当地的草场发展畜牧业,建立了许多移民城镇。后来智利和阿根廷在勘定边界时,这些移民城镇成为智利获得主权的主要因素。尽管巴塔哥尼亚高原的大部分地区划归了阿根廷,但智利获得了海上交通要冲——麦哲伦海峡和德雷克海峡,成为连接大西洋沿岸国家与环太平洋国家的交通枢纽,蓬塔阿雷纳斯也成为重要的战略港口。麦哲伦海峡地区毗邻南极洲,为智利提出南极主权要求创造了条件。

尽管阿劳卡尼亚的征服不如太平洋战争波澜壮阔,南方拓殖也难比硝石经济繁荣,但其奠定了智利的当代疆域,推动了南部边疆的农业开发,进

---

① See La Oficina Central de Estadística, *Noticia preliminar del Censo Jeneral de la República de Chile:levantado el 28 de noviembre de 1895*, Santiago de Chile:Imprenta i Encuadernación Barcelona, 1896, p.11.

而为智利早期现代化的启动创造了条件。

三、新旧经济周期的差别

智利的 1830—1879 年和 1879—1932 年两个经济周期都属于初级产品出口增长阶段,但它们之间存在本质的区别。前一个经济周期基于传统的生产方式,难以创造实现经济多样化的市场需求;后一个经济周期则实现了生产方式的变革,并且创造了带动非出口部门发展的国内市场。

1830—1879 年经济周期是生产要素数量增加所导致的经济增长,并没有突破传统生产方式的范畴。19 世纪中期的小麦出口繁荣是大庄园制巩固的结果,即以土地和劳动力简单结合的方式提高产量,并未出现农业制度或技术变革。为了满足出口需求,大庄园主大幅增加土地垦殖面积和劳役佃农的数量,将智利乡村人口和土地更加紧密地纳入传统的农业生产体系,还通过开办杂货店垄断乡村流通体系, 实际上是禁锢了生产要素而不是促进其自由流动。1850—1875 年,智利的小麦种植面积由 13 万公顷增长到 40 万公顷。1865—1895 年,中央谷地(迈波河至毛莱河)的农业雇工数量由 5.9 万减至 4.3 万,在乡村劳动力中的比重由 72%降至 39%,而固定于土地上的劳役佃农数量(含地主)则由 2.4 万增至 6.8 万,其比重也由 28%提高到 61%。[①]由于乡村劳动力充裕且价格低廉,大庄园依靠人力和畜力进行生产,很少进行技术革新,庄园的生产率也很低。如 1860—1861 年维克(Huique)大庄园的土地(将近 9000 公顷)和建筑物的价值约为 33 万比索,牲畜的价值约为 4 万比索,但农具的价值仅为 1600 多比索,而且没有现代机械。维克大庄园在 1854—1859 年的投资回报率为 4.5%,但贷款利率却达到 8%~10%,这家庄

---

① See Arnold J. Bauer, Chilean Rural Labor in the Nineteenth Century, *The American Historical Review*, Vol.76, No.4(Oct., 1971), p.1077, p.1083.

园在 1860 年负债 6.5 万比索。①铜、银矿业虽然使用了现代技术和雇佣劳动力,但属于劳动密集型的产业,主要开采和冶炼对技术要求不高的富矿。19世纪 70 年代,小北地区大约只有 33 座矿使用了蒸汽机,剩下的 755 座矿没有使用,而是依靠矿工采掘和牲畜驮运。② 19 世纪 70 年代之后,高品位的铜矿石开采殆尽,智利的矿主缺乏开采和提炼低品位矿石的资金和技术,小北地区的铜矿业也就因此衰落,银矿业也随着卡拉科莱斯矿的枯竭而一蹶不振。就制造业而言,虽然太平洋战争前出现了现代工厂,但其数量和规模都很小,起主导作用的仍为传统的手工业。19 世纪 70 年代末,智利大约有 40个官方认可的手工业者互助会,但尚未出现工会。③因此,1830—1879 年经济周期主要是传统生产方式扩张所引起的经济增长,并未出现经济结构的变迁。

1879—1932 年经济周期实现了生产要素组合方式的变革,实现了由传统生产方式向现代生产方式的过渡。1879—1932 年经济周期的支柱是硝石业,铜矿业在 20 世纪初实现了复兴,这两个产业对资本和技术的要求都很高,其生产方式远不同于前一个经济周期的农矿业部门。硝石矿藏的分布区域比金属矿更加广泛,需要大规模修建铁路,以将分散在内地的矿场与沿海港口联结起来,港口、输水管道和矿工居住区的建设也需要耗费大量资金。硝石的萃取则依赖现代技术。当时流行的是香克斯萃取法(Shanks process),即将硝土碾碎并与水混合,然后加热并经多个容器进行过滤和浓缩,最后烘干为结晶制成品。④ 20 世纪 20 年代,卡佩伦·史密斯(Cappelen Smith)发明了古根海姆萃取法(Guggenheim process),将硝石的萃取率从 55%提高到 90%,

① See Arnold J. Bauer, The Hacienda El Huique in the Agrarian Structure of Nineteenth-Century Chile, *Agricultural History*, Vol.46, No.4(Oct., 1972), p.458, p.465.

② 参见[英]西蒙·科利尔:《自独立到太平洋战争时期的智利》,载[英]莱斯利·贝瑟尔主编:《剑桥拉丁美洲史》(第三卷),徐守源等译,社会科学文献出版社,1994 年,第 611 页。

③ See Simon Collier and William F. Sater, *A History of Chile, 1808-2002*, Second Edition, New York: Cambridge University Press, 2004, p.92.

④ Ibid., pp.162-163.

并且简化了工序,从而削减了生产成本,使其能够与人工合成硝石相竞争。[①]
20世纪初复兴的铜矿业则由传统的劳动密集型产业变为资本密集型产业,
19世纪的铜矿业开采含铜量在10%~15%的富矿,20世纪初美国公司进行
了技术革新,使开采和冶炼1%~2%的低品位铜矿石成为可能。从1904年开
始,美国矿业公司大规模投资开采智利的斑岩型铜矿,古根海姆公司5年内
就在丘基卡马塔投资了1亿美元。这些现代化的铜矿使用重型机械和现代
冶炼技术,并建有各种生活设施。与此同时,非出口部门的生产方式也发生
了重大变化。农业开始进行机械化,人均生产率和单位面积产量都有所增加,
农牧业产品结构也趋于多样化。1879—1932年经济周期的最大特点是启动
了早期工业化进程,工厂的数量和规模持续扩张,工业部门的种类增多,除
了非耐用消费品生产大幅增长外,耐用消费品、中间产品和资本品的生产也
得到一定发展,先后出现了现代工业替代传统手工业、进口替代两个进程,
还形成了工业利益集团和产业工人阶级。因此,在生产要素的组合方式上,
1879—1932年经济周期并不单纯依靠土地和劳动力两大要素,而是实现了
土地、劳动力和资本的结合,而且科学技术对后者所起的作用也远大于前者。

　　由于出口品生产区域的差异,1830—1879年经济周期难以创造实现经
济多样化的市场需求,而1879—1932年经济周期则创造了带动非出口部门
发展的国内市场。前一个经济周期的出口产品生产集中在中央谷地的农业
区及与之毗邻的小北矿区,第二个经济周期的出口品产地则为大北硝石矿
区。这种生产区域上的差异产生了截然不同的经济结果。中央谷地的农业区
是智利传统社会的大本营,所产商品主要供给国外市场,而内部商品经济极
不发达。劳役佃农通过经营小块份地获取生活资料,季节工通常领取大庄园
自产的实物工资,大庄园主的消费品主要从国外进口,因而难以为国内制造

---

① See Cappelen Smith, Anglo-Chilean Consolidated Nitrate Corporation, *The Gazette Times*, Oct. 19,1925.

业的发展提供市场。小北地区集中了数万矿工,是一个相对稳定的市场,但其购买力受到矿主的压制,而且当地的灌溉农业满足了一大部分需求。

第二个经济周期则大不相同,大北地区是不毛之地,生产和生活资料几乎全部需要从外部获取,给国内其他地区和部门的产品创造了商机。更为重要的是,硝石矿工的工资远多于乡村雇工和城市劳工,甚至比国有铁路的工人都高,成为当时智利购买力最强的普通群体。这个区域市场以沿岸贸易的形式刺激了中南部地区工农业的发展,后来复兴的铜矿业也起到了类似作用。此外,大北地区远离传统的中央谷地乡村社会,有利于新的生产方式和生活方式的建立,硝石产业创造的税收也远多于第一个经济周期,并以政府投资的形式促进了国内经济的发展。

综上所述,1879—1932年经济周期没有改变初级产品出口发展模式,甚至更加依赖单一产品,但却实现了生产方式的变革,并且因出口商品产地的转移而创造了刺激非出口部门发展的国内市场,因而能够开启智利的早期现代化进程。

小　结

智利的传统社会奠定于殖民地时期,并在独立后进行了调整,影响了智利早期现代化的启动进程。智利的传统社会是基于大庄园制的乡村社会,源于殖民地时期的经济结构变迁,并塑造了由土地寡头(白人)和依附农民(印欧混血种人)构成的二元社会结构,与之相适应的意识形态为保守的天主教文化。在经历了独立初期的政治动荡之后,以波塔莱斯为代表的智利保守派精英建立了基于宪政框架的寡头威权主义政治制度,在拉美国家中较早实现了政治和社会稳定,并于19世纪中期迎来了首个出口繁荣期和文化教育事业的发展,从而为智利早期现代化的启动创造了条件。首先,在早期出口经济的带动下,智利引进了铁路、轮船、电报等现代交通和通信方式,为19世纪后期继续参与国际分工奠定了物质基础。其次,在早期经济发展时期,机器已经被引入智利的生产领域,并出现了现代工业的萌芽,早期建立的工厂在太平洋战争后直接参与了工业化进程。再次,在外国学者和本国政府的努力下,智利在建国后发展国民教育,引入和传播了现代科学知识,培养了具有现代化意识的新一代精英阶层。最后,1833年宪法奠定了智利的宪政传统,使其在1831—1871年出现了4届连续任职10年的政府,进而保障了智利早期现代化启动进程的稳定。

太平洋战争直接启动了智利早期现代化进程。首先,智利通过领土扩张奠定了现代疆域,获得了大北地区的矿产资源和阿劳卡尼亚的农业资源,新增领土的资源开发成为智利早期现代化的直接动力。其次,太平洋战争加剧了南美洲的地缘政治压力,领土纠纷和美国干涉等外部威胁长期存在,使智利政府产生了以现代化保障国家安全的发展意识,并以19世纪后期崛起的普鲁士为典范,积极实施军事现代化、教育现代化、公共工程建设和关税保护等政策,成为推动早期现代化的积极力量。最后,早期出口经济没有突破传统生产方式的范畴,尚不能引起经济和社会变迁,而硝石出口开启的1879—1932年经济周期实现了生产方式的变革,并且因出口商品产地的转移而创造了刺激非出口部门发展的国内市场,进而启动了智利的早期现代化进程。

以上因素是相互作用的,政治稳定和早期经济发展确保智利取得了太平洋战争的胜利,领土扩张成为新经济周期形成的前提,硝石出口促进经济多样化,又离不开政府的干预作用。

第二章　智利早期工业化进程

太平洋战争之后，工业化思潮、政府经济政策、外国移民和资本、出口部门与国内市场等因素推动了智利的早期工业化进程，建立了以非耐用消费品生产为主体的工业体系，并形成了与传统寡头联系密切的工业利益集团。

第一节　早期工业化的动力

太平洋战争之后，智利出现了诸多有利于工业发展的条件。工业化思潮激发了智利人创办实业的热情，政府的发展政策和保护政策有利于民族工业的发轫，外国移民带来了资本和技术，外资企业投资智利工业，出口部门与国内市场为早期工业化提供了资本和市场，等等。

一、工业化思潮的推动

智利的工业发展思想起源于巴斯克人的企业家传统和西班牙新重商主

义,独立后受到美国和德国工业保护思想的影响,并在早期现代化时期成为一股社会思潮,以推动政府扶持工业和民众创办实业的形式加快了工业化进程。

在殖民地时期,智利的克里奥尔人之精英继承了巴斯克祖先的企业家传统,并接受了以国家干预和贸易保护为主要特征的新重商主义思想。宗主国西班牙是一个多民族国家,早期来到智利的征服者多为卡斯蒂利亚人,而殖民地晚期到来的移民大多是巴斯克人。巴斯克位于西班牙西北沿海靠近法国的地区,这里的土地所有制以小地产为主,工商业比较发达,被认为是西班牙最进步、繁荣和民主的地区。巴斯克人很早就赢得了从事工商业的声誉。①随着殖民地商业机会的增加,在 18 世纪有不少巴斯克人移民到智利。据统计,在 1700—1810 年来到智利的 24000 名西班牙人移民中,有 45%来自巴斯克和纳瓦拉(同样具有巴斯克传统)。②巴斯克移民与早期的征服者相融合,形成了巴斯克–卡斯蒂利亚大庄园主阶层。尽管他们是土地寡头,但热衷于发展工商业,大大不同于秘鲁和墨西哥等中心地区的具有浓厚封建主义色彩的土地贵族。与此同时,西班牙的新重商主义思想也传入智利。16 世纪至 17 世纪,西班牙的早期重商主义者已经将生产而非金银视为国家富强的基础,主张以投资国内产业的方式阻止美洲金银外流。③ 18 世纪,西班牙新重商主义兴起,其代表人物是政治家和经济学家佩德罗·罗德里格斯·坎波马内斯(Pedro Rodriguez Campomanes,1723—1803 年),他提出了国家干预经济、实行关税保护、发展制造业、进行教育改革和调整土地制度等一系列

---

① See Lawrence E. Harrison, *The Pan-American Dream:Do Latin America's Cultural Values Discourage True Partnership with the United States and Canada*,New York:Westview Press,1997,pp.150–151.

② See Arnold J. Bauer, *La sociedad rural chilena:desde la conquista española a nuestros días*,Santiago de Chile:Editorial Andres Bello,1994,p.35.

③ 参见[意]科西莫·佩罗塔:《早期西班牙的重商主义:欠发达的首次分析》,载[瑞典]拉尔斯·马格努松主编:《重商主义经济学》,王根蓓、陈雷译,上海财经大学出版社,2001 年,第 23~81 页。

思想主张。坎波马内斯于 1762—1791 年担任西班牙波旁王朝的财政大臣，推动了卡洛斯三世的经济改革，通过限制国外产品进口、开放殖民地市场和改善国内交通运输条件等措施繁荣了西班牙的制造业。①他于 1775 年倡议成立国家之友经济协会，鼓励知识界讨论和解决西班牙的经济问题。包括圣地亚哥在内的西属美洲许多城市都建立了同名组织，坎波马内斯论工业和教育的著作也在殖民地得到传播，激发了西属美洲克里奥尔人思考殖民地的发展问题。②智利的安塞尔莫·德拉克鲁斯(Anselmo de la Cruz)提出了一个在整个殖民地议论最多的问题："哪一种办法能比允许我们向世界所有国家出口我们的自然产品更有利于发展我们王国的农业、工业和贸易呢？"③圣地亚哥商会的曼努埃尔·德萨拉斯(Manuel de Salas)将 18 世纪末智利经济的停滞归于不合理的贸易制度，呼吁开放贸易，让智利商品获得更多的出口市场，还提出了发展工业和实现经济多样化的主张，并尝试在圣地亚哥建立纺织厂。④

智利独立后，新重商主义遗产长期存在，并融入了美国和德国的工业保护思想。独立运动初期，智利的克里奥尔人精英就兼顾贸易开放与国内产业保护，1811 年颁布的《自由贸易法令》规定：本国商船享有经营沿岸贸易的特权，使用本国商船运输的进口品享受关税优惠；限制和国内产业存在竞争的商品进口，如禁止进口酒；书籍、仪器、机器和工具等有利于国内经济发展的

---

① 参见[英]约翰·林奇：《伊比利亚各国(1763—1793 年)》，载[英]A.古德温主编：《新编剑桥世界近代史》(第 8 卷)，中国社会科学院世界历史研究所组译，中国社会科学出版社，1999 年，第 462~478 页。

② See Pedro Rodriguez Campomanes, *Discurso sobre el fomento de la industria popular*, Madrid, 1774; *Discurso sobre la educación popular de los artesanos y su fomento*, Madrid, 1775.

③ [美]E.布拉德福德·伯恩斯、朱莉·阿·查利普：《简明拉丁美洲史》，王宁坤译，世界图书出版公司，2009 年，第 79 页。德拉克鲁斯所指的"王国"是智利，后者在殖民地时期的官方称谓是"智利王国"(Reino de Chile)。

④ See Manuel de Salas, *Escritos de Don Manuel de Salas y documentos relativos a él y a su familia*, Tomo I, Santiago de Chile: Imprenta Cervantes, 1910, pp.151-189.

进口产品则被免税。① 1813 年创建的国民学院直接受到了坎波马内斯教育思想的启发,这所学校后来成为智利精英的摇篮。奥伊金斯政府曾对损害国内产业的进口品课以重税,如将酒的进口税率提高至 55%。智利政府在 1824 年颁布政令,通过税收优惠鼓励国内外投资人创办使用本地原料的工厂,如麻绳、亚麻布、铜制品等工厂。从 1830 年起,波塔莱斯、伦希福和蒙特等政治家继续秉承新重商主义信条,在发展出口贸易的同时,给予国内产业以必要的保护,1835 年和 1851 年关税法令继续将沿岸贸易经营权交给国内商船,免除进口原料和设备的关税,对国内能够生产的进口品课以重税。19 世纪 40 年代,智利知识界鼓吹贸易保护思想,如克里斯托瓦尔·巴尔德(Cristóbal Valdé)提出,工业是国家繁荣的基础,而这需要使用高关税手段才能实现,因为新生和落后国家的生产成本更高,美国是这方面的榜样,其繁荣与强大源于对工业的保护而不是遵循欧洲的自由贸易信条。② 1855—1863 年,法国古典经济学家库赛尔-塞讷伊(Courcelle-Seneuil)在国民学院任教,并担任智利政府经济顾问,古典自由主义开始在智利广泛传播,并出现了带有自由贸易色彩的 1864 年关税法令。但智利人并未完全接受自由放任的经济思想,持贸易保护立场的政治集团推动了 1878 年关税法令的颁布,继续对国内产业给予保护。此后,马拉基亚斯·孔查(Malaquías Concha)将德国经济学家弗里德里希·李斯特(Friedrich List)的思想引入智利,后者以批判古典经济学,倡导贸易保护和工业化思想而著称。

　　从太平洋战争开始,工业发展思想在智利的影响越来越大,最终成为一股强大的社会思潮。在太平洋战争硝烟未尽时,智利舆论就已经呼吁国家保

---

① See Diego Barros Arana, *Historia general de Chile*, Tomo Ⅷ, Santiago de Chile: Editorial Rafael Jover, 1887, pp.267-273.

② See Robert M. Will, The Introduction of Classical Economics into Chile, *The Hispanic American Historical Review*, Vol.44, No.1(Feb., 1964), pp.1-21.

护和发展民族工业。如《铁路报》认为:"如果我们伟大的军事胜利不转化成发展工业的旺盛活力,那么它们将于我们的福祉无益。"《祖国报》提出:"只要缺乏工业和制造业者,智利就不会成为一个幸福的国家。"有的报纸抨击自由贸易理论,警告国家不要重蹈原料生产的老路,有的人建议政府通过发展制造业解决战后退伍军人的就业问题,以免引起社会动荡。①即使在硝石繁荣时期,财政赤字、汇率和贸易波动等因素仍使智利出现周期性的国际收支危机,19世纪末期的智利学者已经将发展工业视为解决该问题的有效途径。②建国100年(1910年)前后,智利知识界掀起了一场关于国家发展危机的思想辩论,批判国家经济的对外依附,并大力提倡发展民族工业。弗朗西斯科·A.恩西纳所著的《我们经济劣势的原因和后果》是这一思潮的代表作。恩西纳认为,19世纪中期之后,智利的贸易、矿业、商船和银行等部门逐渐被外国商人所控制,反映了"整个国家机体的贫血或虚弱",落后的农业部门束缚了国内资本和劳动力,矿业给国家带来的仅是昙花一现的繁荣,缺乏教育的国民难以胜任以制造业为主的现代经济活动。③坦克雷多·皮诺切特·勒布伦批判了外国商人和移民对智利经济资源的垄断,指责政府对民族产业的保护不力,倡导实行有利于经济独立的工业化和国有化政策。④阿尔韦托·卡韦罗揭露了硝石繁荣的负面作用,认为硝石收入消磨了智利人的意志,使其丧失了进取心并易于懒散。⑤这些思想和主张在智利学术界、政界和民众中

---

① See William F. Sater, *Chile and the War of the Pacific*, Lincoln: University of Nebraska Press, 1986, pp.119–120.

② See Román Espech, *Colección de artículos encaminados a demostrar la necesidad de crear manufactura nacional i los medios de conseguirlo*, Santiago de Chile: Victoria, 1887.

③ See Francisco A. Encina, *Nuestra inferioridad económica: sus causas, sus consecuencias*, Qinta Edicion, Santiago de Chile: Editorial Universitaria, 1981. 该书的第一版于1912年发行。

④ See Tancredo Pinochet Le Brun, *La conquista de Chile en el siglo XX*, Santiago de Chile: La Ilustración, 1909.

⑤ See Alberto Cabero, *Chile y los chilenos: conferencias dictadas en la extensión cultural de Antofagasta durante los años 1924 y 1925*, Santiago de Chile: Editorial Nascimento, 1926.

引起了强烈反响,发展工业已经由意识变成思潮,进而成为推动工业化的精神动力。

　　工业化思潮影响了智利政府的经济决策,推动了工业保护政策的出台。曼努埃尔·巴尔马赛达总统(Manuel Balmaceda,1886—1891 年执政)提出,"要提高奢侈品的进口关税,降低农业和制造业的机器进口关税,以增加国内生产",并于 1887 年成立了工业与公共工程部。[①]其政府被议会派推翻后,原来拥护他的人组建了自由民主党。该党领袖恩里克·萨尔瓦多·圣富恩特斯(Enrique Salvador Sanfuentes)坚决反对回归金本位制,认为只有给民族工业提供强大的保护,才能恢复国际收支平衡。[②]马拉基亚斯·孔查于 1887 年组建了民主党,将李斯特的思想带进了国会。智利制造业发展协会得到了政府的资助,并负责向政府提交工业调研报告和关税修订意见,许多国会议员和政府官员成为该组织的会员。智利国会的辩论记录显示,从 19 世纪末开始,各个政党的议员大多持有温和的关税保护立场,自由贸易的拥护者也改弦更张,国会里面充斥着李斯特的经济民族主义和国家干预主义论调。在此背景下,智利国会接连通过了 1897 年、1916 年、1921 年和 1928 年的关税法令,明确保护国内制造业,政府在公共工程建设中也优先采购国内工业产品。1923 年,阿图罗·亚历山德里(Arturo Alessandri,1920—1925 年执政)向国会提交了一项议案,为任何生产钢铁的企业提供为期十年的政府补贴。卡洛斯·伊瓦涅斯(Carlos Ibáñez,1927—1931 年执政)加大了对工业的扶持力

①　See José Manuel Balmaceda,Discursos en el Congreso Nacional,in Rafael Sagredo Baeza y Eduardo Devés Valdés,ed.,*Fuentes para historia de la Republica*,Volumen Ⅱ,Santiago de Chile:Dirección de Bibliotecas,Archivos y Museos,1991,p.333.

②　See Leopoldo Castedo,*Chile:vida y muerte de la República Parlamentaria*(*De Balmaceda a Alessandri*),Santiago de Chile:Editorial Sudamericana Chilena,1999,p.92.

度,提出了工业发展规划,建立了工业信贷机构,强化了关税保护力度。[1]因此,智利政府已经将工业发展由理论转化为实践,从而推进了早期工业化进程。

工业化思潮激发了智利民众创办实业的热情,推动了许多现代工厂的建立。1883年,智利制造业发展协会成立,该组织发行工业刊物,建立工业学校,组织工业展览会,向民众普及工业知识,向国内投资人推介国外的最新技术。1884年的工业展览会取得了很好的社会效果。一个委员会评价道:"1869年展览会仅出现了一两个胆怯的国内制造业者,1875年他们虽然接到邀请,但是拒绝与外国产品展开竞争。而这次展览,我们的工业企业家充满了活力,他们现在意识到了自己的力量,而且他们确实拥有可以展示的各类优质产品。"[2] 1885年、1890年、1894年和1904年也相继举办了全国工业展览会,智利企业还参加了1886年的利物浦、1889年的巴黎、1896年的布鲁塞尔、1897年的危地马拉、1901年的布法罗和1909年的基多国际展览会,在布法罗国际展览会上排名第三。国内企业家积极引进和推广新技术,1840—1899年,智利共登记了1052项专利,主要为引进的国外技术,其中1890—1899年的登记数量就占到了总数的43%。[3]国内工业投资的热情不断提高,1895年智利的工厂达到2449家,其中76.4%是1880年之后建立的。[4]智利制造业发展协会的会员也不断增多,企业和个人会员总数在1903年为221个, 次年增加到735个,1907年达到1178个,20世纪20年代维持在

① See Henry W. Kirsch, *Industrial Development in a Traditional Society:the Conflict of Entrepreneurship and Modernization in Chile*, Gainesville:University Press of Florida, 1977, p.32, pp.133 - 151.

② See Henry W. Kirsch, *Industrial Development in a Traditional Society:the Conflict of Entrepreneurship and Modernization in Chile*, Gainesville:University Press of Florida, 1977, p.44.

③ See Henry W. Kirsch, *Industrial Development in a Traditional Society:the Conflict of Entrepreneurship and Modernization in Chile*, Gainesville:University Press of Florida, 1977, p.38.

④ See Marcello Carmagnani, *Desarrollo industrial y subdesarrollo económico:el caso chileno (1860-1920)*, Traducción de Silvia Hernandez, Santiago de Chile:Dirección de Bibliotecas, Archivos y Museos, 1998, p.40.

1050 个左右。企业家在理事会中的比重不断提高,1910 为 35%,1920 年为 40%,1928 年增至 55%。①

二、政府经济政策的推动

政府在后发国家工业化进程中起着重要作用,智利也不例外。在其早期工业化进程中,政府的公共工程建设不仅加快了商品流通,而且带动了相关工业部门的发展,关税保护政策扶持了新兴的国内制造业,政府还直接投资工业或为本国企业提供订单和信贷。

太平洋战争后,智利政府加快了以铁路为代表的公共工程建设,改善了工业化的基础设施条件,并直接带动相关制造业的发展。对外贸易的繁荣大幅增加了智利政府的关税收入,并为其发行公债提供了信誉保证。1870—1879 年,智利政府的年均财政收入为 1643 万美元,下一个 10 年增长到 2864 万美元,19 世纪最后十年的年均财政收入达到 3703 万美元,较 70 年代翻了一番多。②随着可支配资金的增长,智利政府进行了大规模的公共工程建设,并于 1887 年设立了工业与公共工程部,其中以铁路建设的成就最大。19 世纪中期,智利全国仅有 1000 多千米铁路。1918 年,智利的铁路已经达到 8512 千米,拥有机车 1314 台,雇员 3.3 万人,当年的铁路货运量为 1550 万吨。国有铁路为 4567 千米,占总里程的 53.7%,国有电报线全长 25138 千米。③佩德罗·蒙特(Pedro Montt,1906—1910 年执政)政府在 1908 年规划建设经线铁

① See Juan Eduardo Vargas C.,La Sociedad de Fomento Fabril:1883-1928,*Historia*(*Santiago*),Vol.13(1976),p.47.

② See Bárbara de Vos Eyzaguirre,*El surgimiento del paradigma industrializador en Chile*,(*1875-1900*),Santiago de Chile:Dirección de Bibliotecas,Archivos y Museos,1999,p.19.

③ See Sociedad de Fomento Fabril,*Chile:breves noticias de su industrias*,Santiago de Chile:Sociedad Imprenta y Litografía Universo,1920,pp.5-6.

路,北起塔克纳,南至蒙特港,纵贯大部分国土,横向的分支线路进一步加强了各区域间的交通联系。两条横贯安第斯山的铁路通车,将智利与玻利维亚和阿根廷连接起来。铁路建设不仅有助于国内市场的统一,还带动了煤炭、枕木和碎石等行业的发展,国有铁路公司也开始使用国营或私营铸造厂组装的机车。随着对外贸易的发展,沿海的港口进行了扩建或改良,政府还大规模投资城市公路、饮水和卫生系统,以扩大就业的形式带动了国内工业品的消费。

智利政府多次调整关税政策,保护国内制造业的发展,纸比索贬值也起到了抑制进口的作用。智利的新兴工业部门从一开始就面临国外产品的竞争,后者具有成本和技术优势,政府的关税政策为本土企业提供了保护。1897 年 12 月,在费德里科·埃拉苏里斯总统的推动下,智利国会通过了第 980 号法令,实行温和的关税保护政策。该法令将基本关税税率定在 25%,将 59 种进口商品的税率提高至 60%,并对 28 种商品征收从量税,主要为奢侈品和国内能够生产的制成品。原料进口获得优惠,118 种产品被免税,66 种产品的税率仅为 5%,54 种产品的税率为 15%,其余 117 种产品的税率定在 35%。1898 年的第 1105 号法令给予每公斤进口粗糖以 2 分钱的补贴,实行 6 年。1902 年的第 1515 号法令给予每升出口酒精或葡萄酒以 5 分钱的补贴,并对酒精退税。1906 年的第 1855 号法令补贴每吨进口甜菜 8 比索,实行 8 年。其他一些进口原料或国内制成品也从类似的法令中获得了政府补贴。[①] 智利政府曾迫于国内通胀压力,于 1907 年降低进口生活用品的关税,但 1916 年和 1921 年的关税法令又提高了进口税率。1928 年的第 4321 号法令大幅提高进口商品的税率,并授权伊瓦涅斯总统可以将任何进口产品的税率再提高 35%以内。1928—1931 年,智利的平均关税率提高了 71%,影响了

---

① See Corporación de Fomento de la Producción(CORFO), *Geografia economica de Chile*, Santiago de Chile, 1965, p.510.

73%的进口品。[1]由于得到关税保护和政府补贴,智利的制糖、服装、酿酒等工业部门得以扩大生产,并占据了大部分国内市场。此外,货币政策也起到了工业保护的作用。从1878年起,智利大量发行不可兑换硬通货的纸比索,只是在1895—1898年短暂恢复了金本位制,因此导致本币贬值和汇率下跌,抑制了进口,有利于国内工业生产的增长。

智利政府直接投资某些工业部门,并为制造业提供订单和信贷。太平洋战争刺激了军需生产,国营兵工厂为前线生产炮弹和甲板,维修军舰锅炉,还设计了一艘鱼雷艇,国内工厂也为军队生产子弹、军服、毯子、斗篷和皮靴等产品。[2]国营兵工厂后来还生产和销售农具。1886年,圣地亚哥国营铸造厂组装了智利的首台国产机车,伊瓦涅斯政府还曾积极筹建智利的首家钢铁厂。在公共工程建设中,智利政府采取了扶持本国企业的政策,为其提供了大量订单。在1897年关税法令颁布前夕,智利工业与公共工程部发布了一项政令,要求优先采购本国企业制造的设备,尽管其价格比国外同类产品高10%。[3]国内企业为智利政府提供了大量工业产品,如私营铸造和冶金企业为国有铁路制造机车,其数量在1887年为6台,1908年达到38台,1909—1914年每年都保持在18台,车轮之外的零件都在本地生产。本国企业承建了许多桥梁,如比奥比奥河大桥(550米)、纽夫莱河大桥(550米)、毛莱河大桥(480米)等,均由国产部件建造,而非进口组装。国产水泥大量用于公路、港口和城市建设,梅隆水泥公司成为当时拉美最大、世界第五大的水泥企业。伊瓦涅斯政府在1928年成立了工业信贷银行,为工业企业提供5年期

---

① See P. T. Ellsworth, *Chile: An Economy in Transition*, New York: The Macmillan Company, 1945, p.50.

② See William F. Sater, *Chile and the War of the Pacific*, Lindon: University of Nabraska Press, 1986, p.116.

③ See Leopoldo Castedo, *Chile: vida y muerte de la República Parlamentaria(De Balmaceda a A-lessandri)*, Santiago de Chile: Editorial Sudamericana Chilena, 1999, p.92.

以上的贷款,利率在 7%以下,接受工厂固定资本的抵押,并规定至少要将 10%的资金贷给资本少于 5000 比索的小企业。①

三、外国移民与资本的促进

外国移民与资本在智利早期工业化进程中发挥了重要作用。外国移民带来了资金和技术,成为许多工业部门的开拓者。外国公司直接投资智利工业,或为智利企业提供信贷。

外国移民带来了资金和技术,成为许多工业部门的开拓者。在早期工业化启动前,外国移民就最先将现代技术引入智利。英国工程师查尔斯·兰伯特于 19 世纪 20 年代将反射炉引入智利矿业。美国人威廉·惠尔赖特在 1851 年建设了智利的首条铁路,并于次年架设了智利的首条电缆。1877 年,港口城市瓦尔帕莱索共有 54 台蒸汽机,分布在食品、酿酒、化学和印刷等行业,其中 34 台为外国人所有,占 62.9%,智利人仅有 14 台,占 25.9%,剩下的 6 台为国内外投资人共同所有。②但在 1880 年前, 智利主要吸引欧洲农业移民,工业移民的大量引入始于早期现代化启动之后。1875 年,智利的欧洲移民为 16872 人,1895 年增至 43818 人,1907 年增至 71685 人, 在 1920 年达到 72225 人,主要来自德国、西班牙、英国、法国和意大利。尽管外国移民在智利总人口中的比重很小(不足 2%),但他们具有很强的企业家精神,成为智利许多工业部门的奠基者。仅德国移民就创立了智利的啤酒业和现代制革业,建立了智利最大的糖厂。1914 年,智利工业部门的外国移民企业家达

---

① See Henry W. Kirsch, *Industrial Development in a Traditional Society:the Conflict of Entrepreneurship and Modernization in Chile*, Gainesville:University Press of Florida,1977,p.32,p.61.

② See Baldomero Estrada,ed., *Presencia italiana en Chile*, Valparaíso:Universidad Católica de Valparaíso,1993,p.99.

到了 863 人,约占总数(1750 人)的一半。[①]此外,外国技术人员也成为智利工厂的骨干,其比重在 1919—1926 年占到 40%~48%,推动了现代工业技术的引进和应用。

表 2-1　1875—1930 年智利的欧洲移民

国籍	1875 年		1885 年		1895 年		1907 年		1920 年		1930 年	
	数量	比重(%)	数量	比重(%)	数量	比重(%)	数量	比重(%)	数量	比重(%)	数量	比重(%)
德国	4678	27.7	6808	26.0	7560	17.2	10724	15.0	8950	12.4	10861	16.1
西班牙	1223	7.3	2508	9.6	8494	19.4	18755	26.1	25965	35.9	23439	34.7
法国	3314	19.6	4198	16.0	8266	18.9	9800	13.7	7215	10.0	5007	7.4
英国	4267	25.3	5310	20.0	6838	15.6	9845	13.8	7220	10.0	5369	8.0
意大利	1983	11.8	4114	15.7	7797	17.8	13023	18.1	12358	17.1	11070	16.4
其他	1407	8.3	3281	12.5	4863	11.1	9538	13.3	10520	14.6	11775	17.4
总数	16872		26219		43818		71685		72228		67521	

资料来源:Baldomero Estrada, ed., *Presencia italiana en Chile*, Valparaíso: Universidad Católica de Valparaíso, 1993, p.106.

外国公司拥有技术和资金优势,成为智利新兴工业的重要投资者。一些拥有专利权的外国公司不仅向智利企业转让技术,还进行直接投资。如 1913 年创办的智利火柴公司,最初为智利投资人所有,聘请瑞典技术人员,但在 1927 年被瑞典火柴大王克鲁格的财团并购。智利的保护性关税也迫使外国公司由出口转向直接在本地生产,如米兰的纺织业大亨恩里科·戴拉夸(Enrico Dell'Acqua)在圣地亚哥创办纺织公司,加工母国子公司生产的纱线,比利时纺织业巨头也在比尼亚德尔马设厂,加工进口棉纱。英国资本在 19 世纪晚期垄断了智利的硝石采掘和加工业,其比重在 1895 年达到 60%。英国商行还投资面粉、炼乳、煤炭等行业,20 世纪初智利的电力和汽油生产也被英国企业所主导。在智利早期工业化后期,美国资本大量涌入,布雷登、古根海姆、安那康达等矿业巨头投资铜矿采掘业,福特汽车公司、国际电话电报

---

① See Carlos Hurtado Ruiz-Tagle, *Concentración de población y desarrollo económico: el caso Chileno*, Santiago de Chile: Universidad de Chile, 1966, p.153.

公司、杜邦公司、格雷斯公司、伯利恒钢铁公司、美国广播公司、美国和国外电力公司等巨头也在智利投资设厂。1929 年，美国在智利的投资总额约为10 亿美元，约有 1600 名美国公民在智利工作和生活。[1]

智利的现代金融体系是由外国资本建立的，他们通过贷款或参股的形式投资智利的早期工业。在现代化启动前，外国商行就在智利的金融体系中发挥着重要作用，为矿业出口部门提供贷款，智利本地银行业的开拓者是英国移民后裔阿古斯丁·爱德华兹(Agustín Edwards)，其家族至今仍位列智利最显赫的财团之列。硝石出口兴起后，英国资本家于 1888 年建立了塔拉帕卡和伦敦银行，主要为硝石大王约翰·托马斯·诺斯(John Thomas North)的硝石企业服务。该银行在 1900 年和英国–阿根廷银行合并，于 1906 年改名为英国–南美银行，并将资金投向工业部门，拥有至少 20 家智利主要制造业企业的股票，如比尼亚德尔马糖厂、联合啤酒公司、宇宙平板印刷厂、梅隆水泥公司，等等。[2] 1914 年，英资银行的储蓄占智利总储蓄的 1/4 以上和外资银行储蓄的 3/4。[3]其他一些外国金融机构也涉足智利制造业，如德国银行和商行参与创办智利最重要的化学企业——工业公司，西班牙银行为本国移民建立的智利卷烟厂融资，等等。

四、出口部门与国内市场的刺激

硝石出口繁荣导致外汇收入增长，保障了工业资本品和原料的进口。矿

① See Michael Monteón, *Chile and the Great Depression：The Politics of Underdevelopment. 1927–1948*，Tempe：Center for Latin American Studies Press of Arizona State University，1998，p.136.

② See Henry W. Kirsch, *Industrial Development in a Traditional Society：the Conflict of Entrepreneurship and Modernization in Chile*，Gainesville：University Press of Florida，1977，p.86.

③ See William Edmundson, *A History of the British Presence in Chile*，New York：Palgrave Macmillan，2009，p.173.

区和城市人口增多,刺激了国内制造业的发展。

硝石产业提高了智利的进口能力,保障了工业部门的资本品和原料进口。与大多数后发工业化国家一样,智利在工业化起步阶段大量进口工业国家的设备和技术,以建立本国的现代工业部门。与资源禀赋优越的国家相比,智利用于发展工业的自然资源并不丰富。尽管其矿产资源丰富,但用于生产非耐用消费品的农业资源相对匮乏,如缺乏热带作物和棉花。智利还是一个贫油国家,煤炭储备多为劣质烟煤,燃料的对外依赖程度也很高。太平洋战争后,智利的工业生产投入大幅增加。太平洋战争时期(1880—1884年)原料的年均进口值为4693万比索,工业资本品的年均进口值约为267万比索,到1910年和1914年,这两项指标已分别达到1.26亿比索和1606万比索,分别增长了1.7倍和5倍。1880—1919年,原料在进口总额中的比重维持在41.9%~48.5%之间,资本品所占的比重在2.8%~5.6%之间。进口结构的变化既反映了工业投入快速增加,也表明其严重依赖国外的原料和资本品。由于智利工业部门自身很少出口创汇,其进口能力取决于硝石出口部门。1880年,智利的硝石出口值为2700万比索,占出口总值的26%;1895年超过1亿比索,所占比重提高到69%,1910年达到了2.39亿比索,其比重增至79%;1920年达到5.36亿比索,仍占68%。1880—1924年,硝石及其副产品碘的出口收入中的33%以关税的形式支付给智利政府,还有1/3用于生产投入,以支付本地产品和劳务的形式留在智利,剩下的1/3大部分为外资硝石公司获得,但智利本土的硝石企业也获得很多收益。[1]因此,硝石出口收入是智利平衡国际收支的主要资源,为工业原料与资本品的进口提供了保障,从而极大地推进了智利早期工业化进程。

---

[1] See Carmen Cariola Sutter y Osvaldo Sunkel, *La historia económica de Chile,1830–1930:dos ensayos y una bibliografía*,Madrid:Ediciones Cultura Hipánica del Instituto de cooperación Iberoameri-cana,1982,p.89,p.137,p.139.

表 2-2　1880—1919 年智利的原料与工业资本品进口

时期	原料			工业资本品		
	价值 (千金比索)	指数 1910—1914 =100	占进口 的比重 (%)	价值 (千金比索)	指数 1910—1914 =100	占进口 的比重 (%)
1880—1984	46927	37	48.5	2668	17	2.8
1885—1989	49831	40	47.0	4209	26	3.9
1890—1994	64061	51	45.8	6906	43	4.9
1895—1999	58265	46	45.9	3708	23	2.9
1900—1904	67964	54	48.2	6527	41	4.7
1905—1909	102946	82	42.9	15313	95	6.4
1910—1914	126220	100	41.9	16064	100	5.4
1915—1919	142709	113	46.6	10761	67	3.6

注:原料中不含燃料,工业资本品仅限于制造业部门,进口值为年均值。

资料来源:Henry W. Kirsch, *Industrial Development in a Traditional Society:the Conflict of Entrepreneurship and Modernization in Chile*,Gainesville:University Press of Florida,1977,p.16.

　　矿区和城市人口增长,为国内制造业提供了市场。硝石出口收入中的 1/3 用于支付本地产品和劳务,形成了一个颇具规模的矿区市场,刺激了相关制造业的发展。如安托法加斯塔地区的一家铸造厂能够为中型硝石矿场锻造设备,并于 1911 年引进了新型转炉。硝石矿工的工资是当时智利劳工阶层中最高的,其数量在 20 世纪初保持在 5 万人左右,大量消费中南部地区生产的食品、酒、饮料、香烟和鞋等非耐用消费品。20 世纪初,美国公司大规模开发智利铜矿,增加了对建材的需求,直接刺激了当地水泥制造业的发展。随着城市化进程的加快,智利国内制造业的市场逐渐扩大。在现代化启动前的 1875 年, 智利仅有 54 万城市人口,20 年后达到了 92 万,1907 年增加到 122 万,1920 年接近 160 万,仅首都圣地亚哥一个城市的人口数就突破了 50 万。[1]城市消费者对生活资料的需求大幅增加,尤其刺激了食品制造业的发

---

　　[1]　See Carlos Hurtado Ruiz-Tagle, *Concentración de población y desarrollo económico:el caso Chileno*,Santiago de Chile:Universidad de Chile,1966,p.146.

展。1910 年,智利有 30 家现代化的食品加工企业,主要分布在兰卡瓜、瓦尔帕莱索和圣地亚哥,超过 75% 的原料和中间产品来自国内。其中胡安·尼古拉斯·鲁维奥(Juan Nicolás Rubio)投资 300 万比索创办了全国食品罐头厂,年产 200 万听罐头,拥有电力、蒸汽和汽油驱动的机器设备,能够自制锡、木材料的包装盒,雇佣 20 名技工,普通工人数在旺季超过千人,还建有工人宿舍和学校。智利面粉业自 19 世纪 90 年代开始进行技术革新,用进口的辊式面粉机取代传统的石磨,提高了冬小麦的加工质量,使用新技术的面粉厂在1904 年超过了 35 家。1878—1892 年,瓦尔迪维亚安旺特啤酒厂的产量由1500 千升增加到 8000 千升。比尼亚德尔马糖厂从秘鲁进口原料,其产量由1876 年的 1334 吨增加到 1903 年的 24285 吨。城市文化事业的兴盛刺激了印刷业的发展,大型印刷厂使用了包括铸造排字机在内的现代化设备。[①]

第二节　现代工业部门的初创

智利的早期工业化经历了 19 世纪晚期、20 世纪前 20 年和 20 世纪20 年代三个发展阶段,初步建立了以非耐用消费品生产为主体的现代工业体系。

一、19世纪晚期的工业增长

太平洋战争之后,智利国内出现了创办工厂的热潮,工业生产持续增长,工业分布的区域和部门相对集中。

---

① See Henry W. Kirsch, *Industrial Development in a Traditional Society：the Conflict of Entrepreneurship and Modernization in Chile*, Gainesville：University Press of Florida, 1977, pp.29—40.

新建工厂的数量增多,且集中在中心城市。1895年智利制造业发展协会发布的工业统计显示,当年全国共有工厂2449家。其中76.5%的工厂是1880年之后建立的,共计1872家,剩下的23.5%在1880年前就已存在,其数量为577家。从纵向对比来看,1880—1889年较之前增加510家,年均增加5家,1890—1895年新增180家,年均增加30家,表明建立新工厂的速度在加快。从区域分布来看,工业集中在中心城市,其中圣地亚哥和瓦尔帕莱索集中了全国60%的工厂,达到了1466家。比奥比奥河畔的康塞普西翁是煤炭、纺织和面粉业中心,还建有陶器和木材加工企业。南方城市瓦尔迪维亚也是新兴的制造业中心,1885年有3000名手工业者,1887年有不少于100家的工厂。①康塞普西翁和瓦尔迪维亚还拥有造船业。在1895年举办的工业展览会上,新工厂在参展企业中的比重最高。在全部164家参展企业中,72.6%创办于1889—1894年,11%为1875年前建立,16.5%建立于1876—1888年。②

表2-3　1895年智利工厂的创建年份和地域分布

年份	全　国		圣地亚哥和瓦尔帕莱索	
	数量	比重(%)	数量	比重(%)
1870年之前	241	9.8	136	9.3
1870—1879	336	13.6	188	12.8
1880—1889	846	34.6	546	37.2
1890—1895	1026	41.9	596	40.7
总数	2449		1466	

资料来源:Henry W. Kirsch, *Industrial Development in a Traditional Society: the Conflict of Entrepreneurship and Modernization in Chile*, Gainesville: University Press of Florida, 1977, p.24.

---

① See Julio Pérez Canto, *La Industria Nacional: descripciones i estudios de algunas fábricas de Chile publicados en el Boletín de la Sociedad de Fomento Fabril*, Santiago de Chile: Imprenta Cervantes, 1896, p.117.

② See Henry W. Kirsch, *Industrial Development in a Traditional Society: the Conflict of Entrepreneurship and Modernization in Chile*, Gainesville: University Press of Florida, 1977, p.23.

　　工业投入大幅增加,工业产值持续增长。从生产投入来看,资本品、运输和通信工具的进口在 1880 年仅为 190 万比索, 在太平洋战争结束时达到 950 万比索,在 1888—1896 年每年都保持在 1100 万比索以上,最高值(1890年)达到 2140 万比索。1881—1899 年,原料的进口值每年都在 3000 万比索以上,同期的燃料进口值每年约在 290 万~1320 万比索之间。[①]国内的煤炭产量增加,反映了工矿业部门对能源的需求量增多。1872 年,洛塔煤矿的产量为 13 万吨,10 年后增长到 25 万吨,1892 年达到 26 万吨。[②]由于当时的统计资料不完善,很难得出精确的工业产值和增长率数值。美国学者基尔希根据出口收入、原料和中间产品进口值、保护性关税等变量估测工业产值变化,认为 1880—1910 年智利的工业年均增长率可能为 2.1%,其中 1880—1890年是快速增长期,年均增长率可能保持在 3%左右,而 1890—1900 年则陷入停滞。[③]表 2-4 是最新一份研究所作的估算。1879—1899 年,除了 1881 年、1898 年和 1899 年这三年的工业增长率为负值外,其他年份均实现了工业增长。最快的时段是 1883—1890 年,即太平洋战争结束初期,工业生产受到了硝石出口增长的刺激。1891 年内战之后,工业增长率逐渐降低,这和当时的国际收支危机有关。如果以这份研究的数据进行纵向对比,1899 年智利的工业产值较 1879 年增长了大约 55.7%,年均增长率约为 2.2%,又可分为1879—1889 年和 1890—1899 年两个阶段,其年均增长率分别为 3.7%和0.7%。[④]总体而言,智利工业在 19 世纪晚期保持了持续增长。

---

①　See Henry W. Kirsch, *Industrial Development in a Traditional Society：the Conflict of Entrepreneurship and Modernization in Chile*, Gainesville：University Press of Florida, 1977, p.163.

②　See Octavio Astorquiza, Oscar Galleguillos V., *Cien años del carbón de Lota, 1852–septiembre–1952*, Santiago de Chile：Compañía Carbonífera e Industrial de Lota, 1952, p.206.

③　See Henry W. Kirsch, *Industrial Development in a Traditional Society：the Conflict of Entrepreneurship and Modernization in Chile*, Gainesville：University Press of Florida, 1977, pp.26–27.

④　See Juan Braun, et al., *Economía chilena 1810–1995：estadísticas históricas*, Santiago de Chile：Pontificia Universidad Católica de Chile, 2000, p.25.

表 2-4   1879—1899 年智利工业增长率

年份	增长率(%)	年份	增长率(%)	年份	增长率(%)
1879	2.54	1886	5.84	1893	1.11
1880	9.46	1887	4.89	1894	0.83
1881	-7.29	1888	3.93	1895	0.57
1882	0.11	1889	3.10	1896	0.34
1883	4.59	1890	2.41	1897	0.12
1884	6.39	1891	1.87	1898	-0.07
1885	6.52	1892	1.45	1899	-0.19

资料来源:Juan Braun,et al., *Economía chilena 1810-1995:estadísticas históricas*,Santiago de Chile:Pontificia Universidad Católica de Chile,2000,p.28.

工业生产集中在少数非耐用消费品部门。1895 年的统计未进行部门分类,但 19 世纪晚期的工业生产集中在农产品加工部门,以啤酒、皮革、食糖和面粉为代表。创建于 1850 年的安旺特啤酒厂引进德国设备,将啤酒的年产量由 1871 年的 70 万升提高到 1882 年的 250 万升,1893 年达到了 800 万升,1900 年增至 1200 万升,产品销往智利各地,提高了国产啤酒的市场占有率。瓦尔迪维亚的制革业蓬勃发展, 德国移民提取树皮中的单宁酸鞣制皮革,产品大量出口到德国,1896—1900 年的年均皮革出口量达到 2700 吨。当地皮鞋厂的产品销往北部硝石矿区, 所产的大号防水皮靴满足了麦哲伦海峡淘金业的需求,还有一部分产品出口到玻利维亚。鲁德洛夫鞋厂的产值在 1894 年达到了 20 万比索,1900 年超过了 30 万比索。[①]面粉业自 19 世纪 90 年代开始进行技术革新,用进口的辊式面粉机取代石磨,使这个传统部门焕发了新的生机。德国移民创办的比尼亚德尔马糖厂加工从秘鲁进口的粗糖,其产量在 1876 年为 1334 吨,1895 年达到 13175 吨,增长了近 9 倍,1899 年

① See Patricio Bernedo Pinto,Los industriales alemanes de Valdivia,1850-1914,*Historia*(Santiago),Vol.32(1999),p.13,pp.23-24,p.26.

的产量接近 2 万吨,酒精、酸等副产品还供应其他部门。另一家重要的糖厂位于康塞普西翁附近的彭科,其产量在 1894 年达到 4000 多吨。此外,由于智利大规模建设铁路,生产机车的铸造企业获得了一定发展。1886 年,圣地亚哥国营铸造厂制造了智利的首台国产机车,1886—1898 年国内企业共为智利铁路生产了 44 台机车,车轮之外的零件都在本地生产。①

二、20世纪前20年的工业增长

进入 20 世纪,智利工业进一步发展,突出特点是工业规模扩大,工业部门种类增多,行业集中现象出现。

工厂和雇工的数量增长,固定资本投资规模扩大。表 2-5 是智利制造业发展协会在 1920 年发布的工业统计数据,大体反映了工业部门的总体发展趋势,但 1914 年的统计数据存在疏漏,出现了工业急剧"衰退"的假象,这一点得到了智利官方的承认。1918 年的数值被低估,后来制造业发展协会加了 10%的校正值,这里所列的为校正后的数据。从纵向对比来看,智利的工业规模在 10 年间增长很快。1908 年,智利的工厂数为 4758 家,次年即超过 5000 家,1912 年超过 6000 家,1913 家超过 7000 家,1918 年超过 8000 家。雇员和工人的数量变化不大,维持在 6 万~8 万人,但固定资本投入大幅增长。发动机的数量由 1908 年的 1772 台逐渐增加到 1918 年的 4122 台,增长了 1.3 倍,而总马力由 1909 年的不足 5 万马力增长至 1918 年的 18 万多马力,翻了近两番。1900—1919 年,智利的年均工业增长率为 2%,1911 年前增速较快,年均增长 3%,之后陷入波动,一战期间的工业产值出现下降,到 1917 年

① See Henry W. Kirsch, *Industrial Development in a Traditional Society: the Conflict of Entrepreneurship and Modernization in Chile*, Gainesville: University Press of Florida, 1977, p.32.

才恢复至战前的水平。①

一战没有成为智利工业的发展动力,其主要原因包括:一是智利工业部门依赖原料和资本品进口,战时的贸易波动也殃及工业,尤其是 1914—1915 年的硝石出口锐减导致进口能力下降;二是智利工业在战前已经得到关税保护,所以战时进口下降对国内企业的刺激不大,反倒是出口波动导致国内购买力下降;三是智利的工业以非耐用消费品生产为主,在战时并未大规模转向耐用消费品、中间产品和资本品的生产,即没有创造新的经济增长点。尽管如此,智利工业还是初具发展规模,1918 年的工业总资本接近 7 亿比索,产值 8.6 亿比索,利润 2.2 亿比索。②

表 2-5　1908—1918 年智利的工业规模

年份	工厂数	雇员和工人	发动机	总马力
1908	4758	70174	1772	—
1909	5321	75816	2412	48915
1910	5270	71060	2725	59795
1911	5722	74618	2945	61046
1912	6215	80697	3325	61622
1913	7841	85008	2930	90551
1914	4212	48103	2244	84402
1915	6692	61005	2903	115252
1916	6830	66540	3254	130477
1917	7982	74943	3478	146943
1918	8229	86582	4122	184669

资料来源:Sociedad de Fomento Fabril, *Chile:breves noticias de su industrias*, Santiago de Chile:Sociedad Imprenta y Litografía Universo, 1920, p.43.

工业部门种类增多,扩大到整个非耐用消费品部门,中间产品生产也获得较快发展。食品仍为最大的工业部门,但其内部变化很大,出现了新的食

---

① See Juan Braun, et al., *Economía chilena 1810-1995:estadísticas históricas*, Santiago de Chile: Pontificia Universidad Católica de Chile, 2000, pp.25-26.

② See Sociedad de Fomento Fabril, *Chile:breves noticias de su industrias*, Santiago de Chile:Sociedad Imprenta y Litografía Universo, 1920, p.44.

品工业,如罐头制品。1910年,兰卡瓜、瓦尔帕莱索和圣地亚哥等地建有30家现代化的食品企业,加工本地的水果和蔬菜。如兰卡瓜的全国食品罐头厂的年产量达到了200万听,拥有电力、蒸汽和汽油驱动的机器设备,自产锡制罐头盒和木制包装盒,雇佣20名技工,普通工人数在旺季超过千人。英国移民安德鲁·斯科特(Andrew Scott)于1907年创办了炼乳厂,产品供应北部和南疆市场。其他非耐用消费品部门也出现了新的产品和企业,重要的企业包括1904年创办的智利纺织公司、1913年创办的智利火柴公司、1920年创办的纸和纸板生产公司,等等。耐用消费品生产仍限于传统的家具和金属制品,没有扩展新的领域,资本部门的结构也没有发生改观。但是中间产品部门获得了较快发展,最显著的是水泥业。19世纪晚期,智利只能生产技术含量低的天然水泥,1904年克鲁斯水泥厂引进现代水泥生产技术,成为南美首家波特兰水泥制造企业。这家工厂在1906年改组成梅隆水泥公司,不断增加投资和改进技术,跃居为拉美最大、世界第五的水泥企业,产品不仅满足公共工程建设需求,还供应美资的特尼恩特和丘基卡马塔大型铜矿。其他中间产品部门也获得发展。意大利移民于1904年创办了智利玻璃公司,两年后被智利投资人并购,后来为智利的酿酒、化工和食品等部门生产玻璃容器。1901年建立的工业公司生产工业用途的菜油,其产量在1915—1917年增长了70%。[1]燃料的生产规模也在扩大,如洛塔煤矿的产量在1902年超过了32万吨,有2000矿工。[2]

---

[1] See Henry W. Kirsch, *Industrial Development in a Traditional Society: the Conflict of Entrepreneurship and Modernization in Chile*, Gainesville: University Press of Florida, 1977, pp.29–47.

[2] See Octavio Astorquiza, Oscar Galleguillos V., *Cien años del carbón de Lota*, 1852–septiembre–1952, Santiago de Chile: Compañía Carbonífera e Industrial de Lota, 1952, p.206.

表 2-6　1918 年智利的工业结构

部门	比重(%)	部门	比重(%)	部门	比重(%)
非耐用消费品	79.3	**耐用消费品**	1.5	**中间产品**	17.5
啤酒	4.8	家具	0.8	皮革制品	5.5
食品	41.7	金属制品	0.7	化学品	1.0
纺织	3.5			纸产品	0.7
服装	9.9	**资本品**	1.4	玻璃与瓶子	1.0
烟草	3.2	造船	1.0	建材	1.9
皮革制品	6.2	金属制品	0.1	金属制品	3.8
化学品	4.9	铁路工具	0.3	木制品	3.6
印刷品	4.2				
其他	0.9				

注:不包括汽油、电力、肉类加工企业。

资料来源:Bill Albert, *South America and the First World War：The Impact of the War on Brazil, Argentina, Peru and Chile*, New York：Cambridge University Press, 1988, p.208.

大企业的扩张速度加快,行业集中现象出现。从 1914 年开始,智利开始对工业企业进行规模分类统计, 将 5 人以上的视为大企业,5 人以下的划为小企业。1915 年,大企业的数量为 2406 家,小企业为 4286 家,但前者的资本总额是后者的 28 倍,产值是后者的 35 倍,工人数是后者的 6.5 倍。1919 年,大企业的数量为 2871 家,小企业的数量为 5024 家,两者的数量比值变化不大,但前者的资本总额已扩大到后者的 61 倍,而产值和工人数分别是后者的 51.5 倍和 8.8 倍。[①]这种大小企业的规模对比反映了工业生产集中的趋势,而在具体工业部门,大企业开始通过并购进行扩张,甚至出现了行业垄断。最明显的例子是啤酒业,靠矿业起家的库西尼奥和爱德华兹合伙成立了联合啤酒公司,先于 1902 年兼并了圣地亚哥和利马切的两家啤酒厂,后于 1916 年兼并了另外三家啤酒厂,其中包括历史悠久的安旺特啤酒厂。该公司于 1917 年在安托法加斯塔建立销售啤酒的大型货栈, 控制硝石矿区的市

---

① See Bill Albert, *South America and the First World War：The Impact of the War on Brazil, Argentina, Peru and Chile*, New York：Cambridge University Press, p.205.

场,并在 1923—1932 年继续并购国内其他啤酒企业,几乎垄断了智利所有的啤酒和软饮料生产。联合啤酒公司还控制了智利最大的玻璃制造企业——智利玻璃公司,以保障酒瓶供应。而智利玻璃公司自身也经历了并购热潮,利用资本和技术兼并了国内的主要玻璃制造企业。糖业巨头——比尼亚德尔马糖厂得到高关税的保护,并排挤其他制糖企业,垄断了智利的食糖生产。工业公司、智利烟草公司、梅隆水泥公司、制床公司、托梅毛纺公司等也成为各自行业的垄断企业。①

三、20世纪20年代的工业结构

20 世纪 20 年代,智利工业部门继续增长并开启了电气化进程,在早期现代化结束时形成了以非耐用消费品生产为主体的工业体系。

一战结束后,智利工业在波动中保持增长。一战后的硝石出口危机也波及工业生产,但其波动要小于矿业和农业部门。工业生产在 1921—1925 年连续保持增长,6 年的增长率分别为 2.75%、4.55%、11.14%、0.05% 和 7.21%。工业生产在 1925 年达到早期工业化时期的最高值,约为早期工业化启动时(1879 年)的 2.8 倍,此后几年略有下降,1929 年的产值接近 1925 年,这个记录一直保持到 1935 年。纵观智利的整个早期工业化进程,其工业增长具有三个特点:①从太平洋战争爆发到大萧条当年,即 1879—1929 年,智利工业的年均增长率保持在 2.1%,低于同期的国内生产总值年均增长率(2.9%),但高于农业的年均增长率(1.9%)。②1879—1929 年工业产值在国内生产总值中的比重徘徊在 10% 左右。1890 年为 14.5%,1900 年为 12%,1910 年为

① See Henry W. Kirsch, *Industrial Development in a Traditional Society:the Conflict of Entrepreneurship and Modernization in Chile*,Gainesville:University Press of Florida,1977,pp.106-127.

10.5%,1920 年为 10.8%,1925 年为 11.4%,1929 年为 9.8%。其浮动的主要原因是矿业生产的波动,当硝石出口繁荣时,工业的比重就会下降,反之则提高。工农业的对比发生了变化,1900 年之前,除了农业歉收年份,工业产值基本少于农业产值。但到了 20 世纪初,这两个部门的产值已经不相上下,工业生产在许多年份还会超过农业生产。③工业部门的增长较农业和矿业部门更稳定,农业和矿业部门的波动很大,容易受到自然灾害或出口衰退的冲击,会出现大起大落的现象,两位数的负增长并不稀奇。尽管工业也依赖进出口部门,但相对平稳,仅有的一次两位数负增长还是 1914 年统计疏误导致的。工业的稳定性一直延续到大萧条后的进口替代工业化阶段。①

　　1919 年之后,智利开启了电气化进程,电力开始广泛用于生产和生活。电力技术于 1883 年传入智利,在此后的三十余年内进行了小规模应用。圣地亚哥和瓦尔帕莱索最早建立了发电站,用电灯取代煤气灯,并为有轨电车提供能源,其他一些城市也进行了仿效。1908 年,圣地亚哥至圣费尔南多的小段铁路使用了电力。但最初的电力消费仅限于少数大城市和矿山,而且主要用于照明,实质性的电气化进程则始于 1919 年。全国电力公司于那一年成立,并在 1921 年与智利电车和照明公司合组为智利电力公司。这家公司扩大了电力生产,并延长高压输电线路,主要向圣地亚哥和瓦尔帕莱索两座中心城市供电。其他省份的城市也推广使用电力,工矿业部门则开始用电动机取代蒸汽机。例如,托科皮亚的发电厂向丘基卡马塔铜矿供电,佩德罗-德瓦尔迪维亚和玛丽亚-埃伦娜的硝石矿场安装了柴油发电机,巴基托斯的发电厂向波特雷里略铜矿供电,特尼恩特铜矿则使用科亚和潘加尔水电站的能源,埃尔托福铁矿、洛塔煤矿和施瓦格尔煤矿也建立了发电厂。1921 年,曼

---

　　① See Juan Braun, et al., *Economía chilena 1810–1995: estadísticas históricas*, Santiago de Chile: Pontificia Universidad Católica de Chile, 2000, pp.661–666.

努埃尔·特鲁科·弗朗萨尼（Manuel Trucco Franzani）组织召开了第一次全国铁路大会，积极推进国有铁路的电气化进程。此后，圣地亚哥至瓦尔帕莱索和洛斯安第斯的铁路线实现了电气化，并继续推广至其他国有铁路线。智利政府在 1925 年颁布了电力服务法令，并成立了相应的监管机构，初步规范了电力行业的发展。1930 年，智利全国的电力装机容量达到了 30.2 万千瓦，其中火电 18.17 万千瓦，水电 12.03 万千瓦，全部由私人资本经营。①

在早期现代化结束时，智利形成了以非耐用消费品生产为主体的工业体系。在 20 世纪 20 年代，智利的工业结构略有调整，耐用消费品、中间产品和资本品的比重有所提高。有学者统计，1918—1929 年，非耐用消费品在智利工业产值中的比重由 81.7% 降至 71.5%，而耐用消费品、中间产品和资本品的比重则由 18.3% 上升至 28.5%。②但在早期现代化结束时，智利工业仍然以非耐用消费品生产为主，并且与传统的手工业并存。1930 年的全国人口普查显示，智利的工业经济活动人口接近了 24 万人。规模最大的部门是服装业，其经济活动人口为 9.6 万余人，在整个工业部门中的比重超过了 40%。食品业是第二大工业部门，拥有 4.3 万人，在工业部门中的比重接近 18%。也就是说，智利制造业中约有 3/5 的人从事服装和食品生产。剩余 2/5 的工业人口集中在木材及其制品、机械、冶金、造纸和印刷等部门，主要从事中间产品和耐用消费品的生产。工业部门的另一大特征是，工业经济活动人口中混杂着大量手工业劳动者。工业部门的雇主总数接近 9 万人，白领雇员和工人的数量为 15 万余人，平均每个雇主的雇工数量不足 2 人。服装业的雇主数甚至比雇工多了 2.4 万人，表明该部门以手工业者为主体，主要包括传统的裁缝、洗衣工和鞋匠，而真正的现代工厂仅占少数。机械部门和冶金部门的雇

---

①　See Corporación de Fomento de la Producción（CORFO），*Geografía economica de Chile*，Santiago de Chile，1965，p.511.

②　See Cabriel Palma，Chile 1914-1935：De economia exportadore a sustitutiva de importaciones，*Colección Estudios CIEPLAN*，No.81，Marzo de 1984，Santiago de Chile：Imprenta Universo，1935，p.71.

主平均雇佣的雇工均不足4名，因为这两个部门存在许多从事工业生产的铁匠铺、白铁铺和机修铺。在上述三个部门中，拥有专业技术的白领雇员的比重依次为2.68%、5.17%和3.56%，均低于工业部门的平均水平(7%)，说明其现代化水平较低。此外，纺织业和食品业中也存在很多手工业者，如传统的织工和面包师，纺织业雇主平均雇佣的雇工不足2人，食品业则为5人。现代工业特征比较明显的是玻璃、化工、造纸和印刷、公用事业(饮水、煤气和电力)、建材等部门，其白领雇员和普通工人的平均数量较多，但也存在大企业与小作坊并存的现象。[①]

表2-7　1930年智利工业经济活动人口的结构

部门	雇主数	白领雇员数	工人数	总数
建材和陶器	440	184	2473	3061
玻璃	63	138	1258	1459
冶金	2879	432	8820	12131
机械	3021	754	10801	14576
化工	376	806	1736	2918
纺织	5116	731	6000	11847
造纸和印刷	1403	1566	7091	10060
皮革和橡胶	997	265	2534	3796
木材及其制品	7158	1034	22034	30226
乐器和玩具	50	37	108	195
食品	7070	5089	30502	42661
服装	59960	2579	33574	96113
公用事业	613	2931	6837	10381
合计	89146	16546	133768	239424

资料来源：Dirección General de Estadística, *Resultados del X Censo de la Población: efectuado el 27 de noviembre de 1930 y estadísticas comparativas con Censos anteriores*, Volumen Ⅲ, Santiago de Chile: Imprenta Universo, 1935, p. XXVII.

在早期工业化末期，智利的非耐用消费品生产部门基本实现了进口替

---

① See Dirección General de Estadística, *Resultados del X Censo de la Población: efectuado el 27 de noviembre de 1930 y estadísticas comparativas con Censos anteriores*, Volumen Ⅲ, Santiago de Chile: Imprenta Universo, 1935, pp. 2–13.

代。据英国学者帕尔马的估计,1925 年智利本土制造业占据了国内工业品市场的 66%,其中非耐用消费品的市场占有率为 85%,耐用消费品、中间产品和资本品的市场占有率为 35%。[1]这个数值可能比实际情况要高一些,但非耐用消费品完成进口替代的可能性还是很大的:一方面,智利的早期工业化集中在非耐用消费品部门,经过半个世纪的发展已经初具规模,其生产能力已经能够满足国内市场的需求;另一方面,智利的关税保护政策在 19 世纪末期,即工业化起步阶段就已经实施,并且在 20 世纪 20 年代得到了强化,确保了国产非耐用消费品的市场占有率,食品、啤酒、食糖、纺织品和化学品等部门的本土企业都因此垄断了国内市场。但是智利早期工业化并没有大力发展耐用消费品、中间产品和资本品的生产,这三项中比重最大的是中间产品,而耐用消费品和资本品的比重很小。而且中间产品的种类也很有限,钢铁和棉纱等基本工业原料都依赖进口。因此,智利的早期工业化还没有建立完整的工业体系,尤其缺乏基础工业。耐用消费品、中间产品和资本品的实质性进口替代要迟至大萧条,乃至 1939 年之后,即政府开始主导基础工业建设的时期。

第三节　工业利益集团的形成

国内寡头和移民企业家主导了智利的早期工业化进程,形成了受传统价值观影响的工业利益集团,并建立了维护其利益的工业组织。

---

① See Cabriel Palma,Chile 1914–1935:De economia exportadore a sustitutiva de importaciones,Coleccion Estudios CIEPLAN,No.81,Marzo de 1984,p.72.

一、工业企业家的结构

智利早期工业化时期的工厂最多有八千多家,大部分是带有手工业作坊特征的小企业,而主导工业发展的是由国内寡头和外国移民创办的大企业。

国内寡头投资制造业,成为举足轻重的工业企业家。智利的土地寡头是巴斯克–卡斯蒂利亚大庄园主阶层,他们具有一定的企业家精神,自殖民地时期就有从事工商业的传统。在早期工业化启动前,这些土地寡头就已经大规模经营农矿业出口贸易,并建立了炼铜业和面粉业,积累了大量资本。19世纪晚期至20世纪初,当制造业变得有利可图时,他们就将农业、矿业和商业的利润投入到这个新兴领域,并依靠传统的经济和政治影响力跻身于工业巨头之列。典型的例子是库西尼奥家族和爱德华兹家族,这两个具有外国血统的家族在早期工业化启动前就已经声名显赫。库西尼奥家族是葡萄牙人和西班牙人联姻形成的,该家族的马蒂亚斯·库西尼奥(Matías Cousiño)靠铜矿、煤炭和铁路等产业起家,曾当选为国会众议员和参议员。自19世纪80年代开始,其孙卡洛斯·库西尼奥(Carlos Cousiño)不断拓展经济活动领域,于1881年创办了智利的首家玻璃制造厂,于1883年建立了沥青厂,于1897年在洛塔建立智利的首家水电厂,后来通过并购组建了智利最大的啤酒制造商——联合啤酒公司,并在1921年组建了智利矿业与工业公司。[1]爱德华兹家族的祖先是1804年来到智利的英国军医乔治·爱德华兹·布朗(George Edwards Brown),他在拉塞雷纳和当地人结婚,并经营科金博的矿业和商业,

---

[1] See Octavio Astorquiza, Oscar Galleguillos V., *Cien años del carbón de Lota, 1852–septiembre–1952*, Santiago de Chile: Compañía Carbonífera e Industrial de Lota, 1952, pp.43–83.

智利独立后曾多次当选为参议员。其子阿古斯丁·爱德华兹·奥桑东（Agustín Edwards Ossandón）因投资铜矿业而暴富,创办了智利的首家银行,并且购买了许多庄园。其后代继续发展家族产业,于 1880 年收购了智利历史最悠久的报纸——《信使报》,后来利用金融优势进军制造业,在 20 世纪 20 年代控制了智利最大的糖厂、啤酒企业、卷烟厂和毛纺厂。本土的大企业家大多出自传统寡头阶层,有矿业、农业和商业收入作为工业资本。1922 年,智利的主要制造业公司共有 207 名董事,其中至少有 73% 的人经营非工业领域的产业,如金融、矿业、农业、运输、建筑、房地产和商业等,还有 11% 的人名列重要的大庄园主之列。[①]

移民企业家是智利工业的开拓者, 但他们成功后往往融入本土的寡头集团。从表 2-8 可以看出, 外国移民占据了智利工业企业家群体的半壁江山。1915—1925 年,除了 1919 年、1920 年、1921 年和 1923 年这四年外,外国移民企业家的数量均超过本土企业家。两者差距最大的年份是 1914 年,外国企业家较本土企业家多出 122 人。此外,移民和本地人还以合伙或股份公司的形式共同投资工业。移民企业家能够取得较大成就,其主要原因在于,他们具有很强的企业家精神,拥有技术和资金优势,并且和母国的商业机构保持着联系。如智利啤酒业的奠基者——德国移民卡洛斯·安旺特（Carlos Anwandter）最初只是在住宅内制作啤酒,并在德国移民区沿街叫卖,在 1866 年仅有 1 台蒸汽机,后来安旺特家族不断学习新技术, 从德国引进现代设备,在 1914 年已经拥有 45 台蒸汽机和 1 台 900 千瓦的水力发电机,还在智利率先实行倒班制,其生产规模不断扩大,产品也畅销全国。[②]许多移民企业家曾就职于外国商行,对市场动态更加了解,而且易于从母国金融机构获得

①　See Henry W. Kirsch, *Industrial Development in a Traditional Society:the Conflict of Entrepreneurship and Modernization in Chile*, Gainesville: University Press of Florida, 1977, p.73.

②　See Patricio Bernedo Pinto, *Los industriales alemanes de Valdivia*, 1850-1914, *Historia(Santiago)*, Vol.32, (1999), pp.12-20.

贷款,英国、德国、西班牙等国家的银行或商行就积极参与本国移民在智利的工业投资。移民企业家获得成功的另一个重要原因在于,他们并不受智利本土权贵的排斥,而且能够跻身传统寡头。德国移民吉列尔莫·黑尔夫曼(Guillermo Helfmann)最初只是信使报的编辑,后来开办了从事印刷设备进口的商行,他于 1895 年建立了智利最大的出版社——宇宙平板印刷厂,并且加入智利本地名流的俱乐部,还与传统显贵叙贝尔卡赛奥家族联姻。另一位德裔商人卡洛斯·维尔纳(Carlos Werner)最初从事硝石产业,后来在南方购置了多处大庄园,并投资托梅的一家毛纺厂,成为纺织业巨头,还代表自由党竞选参议员。①

表 2-8　1914—1925 年智利工业企业的所有者结构

年份	智利人	外国人	合伙	公司制	不明确	总数
1914	724	846	77		33	1680
1915	1003	1121	89	87	27	2327
1916	1159	1211	75	80	8	2533
1917	1179	1250	79	120	13	2641
1918	1238	1268	78	126	12	2722
1919	1265	1237	87	166	14	2769
1920	1323	1273	77	193	8	2874
1921	1323	1274	105	172		2874
1922	1313	1316	110	195		2934
1923	1385	1383	118	202		3088
1924	1395	1426	116	208		3145
1925	1395	1446	120	209		3110

资料来源:Henry W. Kirsch, *Industrial Development in a Traditional Society:the Conflict of Entrepreneurship and Modernization in Chile*, Gainesville:University Press of Florida, 1977, p.167.

---

① See Henry W. Kirsch, *Industrial Development in a Traditional Society:the Conflict of Entrepreneurship and Modernization in Chile*, Gainesville:University Press of Florida, 1977, pp.76-77, pp.93-94.

土地是新旧经济权贵结合的纽带，发挥着社会认同和财富积累的双重作用。自殖民地时期开始，拥有大地产就成为智利上层人士最重要的标志，并形成了以巴斯克–卡斯蒂利亚大庄园主为主体的土地寡头集团。土地寡头与外国移民企业家并不截然对立，巴斯克裔大庄园主最初也是商业移民。经过独立之后近百年的商海沉浮，智利的土地寡头进一步融入了新的经济权贵。据智利谱系学家路易斯·塔耶尔·奥赫达的分析，1908 年，在智利最显赫的 550 个大庄园主中，传统的巴斯克–卡斯蒂利亚土地权贵仍占主体，为总数的 45.27%，其中纳瓦拉和巴斯克人后裔占 23.09%，新旧卡斯蒂利亚人后裔占 22.18%，加利西亚、阿斯图里亚斯、莱昂、埃斯特雷马杜拉和安达卢西亚等西班牙其他地区的后裔占大庄园主总数的 32.73%。同时，西班牙之外的欧洲富裕移民用矿业、商业和工业利润购买土地，跻身大庄园主行列，改变了土地权贵的结构。他们在 550 个大庄园主中的比重达到了 22%，最多的是英国移民后裔，有 41 人；法国移民后裔次之，有 29 人；德国移民后裔处于第三位，有 16 人；意大利和葡萄牙移民后裔分别为 15 人和 14 人。新经济权贵获得土地后，也逐渐成为既得利益者，和传统寡头一样靠大地产进入国会，维护传统的等级秩序和文化观念，当然也会维护新兴工业集团的利益。1922 年，在智利主要工业企业的 207 名董事中，有 36 人担任国会议员或政府部长，这些官员成为关税保护政策的重要推动者。[①]

尽管土地成为社会身份的一种象征，但作为一种生产要素，它还发挥着经济职能作用，主要包括三个方面：一是为制造业提供原料和资本，许多食品企业家将工厂直接建在自己的大庄园里，一些移民企业家也从所购买的庄园中获取原料，农业利润也会转化为工业投资。二是抵御通胀，实现资产保值。从 1878 年起，智利大量发行不可兑换硬通货的纸比索，导致周期性的

---

① See Henry W. Kirsch, *Industrial Development in a Traditional Society: the Conflict of Entrepreneurship and Modernization in Chile*, Gainesville: University Press of Florida, 1977, p.73.

物价上涨,购买土地是实现资产保值的重要手段。三是依靠土地获得信贷。智利直到1928年才出现专门的工业信贷银行,当时的银行主要接受土地和矿山抵押,而不接受工业固定资产抵押。土地抵押银行是当时国内实力最大的金融机构,但只面向大庄园主阶层。因此,拥有土地是获取信贷的重要保障。

表2-9 1908年智利土地权贵的种族结构

族裔	数量	比重(%)	族裔	数量	比重(%)
纳瓦拉和巴斯克	127	23.09	盎格鲁-撒克逊	41	7.45
旧卡斯蒂利亚	85	15.45	法国	29	5.27
新卡斯蒂利亚	37	6.73	德国	16	2.91
加利西亚	34	6.18	意大利	15	2.73
阿斯图里亚斯	27	4.91	葡萄牙	14	2.55
莱昂	22	4.00	其他欧洲人	6	1.09
埃斯特雷马杜拉	13	2.36	总计	121	22.00
安达卢西亚	12	2.18			
卡塔卢尼亚	11	2.00			
瓦伦西亚	4	0.73			
加那利	3	0.55			
其他西班牙人	54	9.82			
总计	429	78.00			

资料来源:Luis Thayer Ojeda, *Elementos étnicos que han intervenido en la población de Chile*, Santiago de Chile: Litografía y Encuadernación "La Ilustración", 1919, p.142.

民族资本与外国资本之间既有经济合作,也有利益冲突。一方面,外国资本为智利国内制造业的发展提供了资金和技术,并和本地投资者开展经济合作。智利的民族工业要通过外国商行进口机器,也从外国银行和商行获取贷款。许多外国投资者还持有智利本土企业的股票,对其发展起着重要作用。一些民族资本家也和外国资本开展合作,如爱德华兹家族能够垄断许多工业部门,就离不开英国-南美银行的支持。另一方面,外国资本也会依仗经济优势排挤民族资本,乃至控制智利的国民经济命脉。如美国联合制鞋机器公司于1907年进入智利市场,随后通过专利权垄断了智利制鞋业的机器设备供销,迫使智利的制鞋企业只能使用该公司的机器。更为霸道的是,该公司的机器只租借而不出售,制鞋企业要根据鞋的产量缴纳提成,这家美国公司由此变向控制了智利的制鞋业。①在早期工业化后期,外国资本垄断了智利的铜矿业和能源部门。美国资本自 1904 年起大规模投资智利的铜矿业,其所属的丘基卡马塔、特尼恩特和波特雷里略三座大型铜矿被称为"大矿",是资本密集型的采掘工业,而智利本土企业经营劳动密集型的小型铜矿,被称为"小矿"。1920 年,美国资本在智利铜矿业中的比重高达 82%,智利资本为 11%,法国资本为 3%,英国资本为 1%;到了 20 世纪 20 年代末,美国资本控制了智利 90%的铜出口量,这种格局一直持续到 20 世纪 60 年代前期。②同一时期,英美资本还垄断着智利的燃油和电力生产,这直接影响着城市的生产和生活,并因价格问题多次和智利政府发生冲突。

二、工业组织的建立与发展

制造业发展协会(La Sociedad de Fomento Fabril)是智利最重要的工业组织,在早期工业化进程中推动政府出台扶持工业的政策,引导民族资本投资工业,但也与土地寡头保持着密切联系。

制造业发展协会是工业利益集团的代言人,推动政府颁布扶持民族工业的政策。在制造业发展协会成立前,智利已经存在工业组织,如 1876 年成立的瓦尔帕莱索工业协会,但其创办者主要是这座港口城市的手工业者。1883 年 10 月 7 日,智利制造业发展协会成立,标志着智利工业利益集团拥

---

① See Henry W. Kirsch, *Industrial Development in a Traditional Society:the Conflict of Entrepreneurship and Modernization in Chile*,Gainesville:University Press of Florida,1977,pp.152-159.

② See Paul W. Drake, *Socialism and Populism in Chile, 1932-52*,Urbana:University of Illinois Press,1978,p.19.

有了自己的游说组织。该协会以促进民族工业发展为宗旨,以会刊为喉舌,持续呼吁政府采取保护民族工业的政策。如 1893 年提议修改 1878 年关税法令,提高对民族工业的保护力度;1894 年建议政府补贴以国内自然资源为原料的工业部门;1902 年呼吁政府不仅要保护现有的工业部门,而且要投资建立新工业部门。到 20 世纪初,制造业发展协会为政府制定了系统的民族工业保护策略,分为直接保护和间接保护两种,前者包括提高进口工业品的税率、优先采购本国产品和补贴新建工业,后者包括引进外国移民和建立工业学校。①制造业发展协会不仅通过舆论向政府施加压力,还由其官方会员直接游说政府。1883—1930 年,该协会的 146 名执行委员中有 36%是国会议员或政府部长,而且在关税修订评估委员会中有常驻代表,他们能够直接向官方陈述协会的立场和观点。②在 1897 年、1916 年、1921 年和 1928 年的关税改革过程中,制造业发展协会积极参与关税法令草案的制定,向政府提交与国内产品存在竞争的进口品清单,推动国会讨论和通过关税保护法令。此外,该协会还承担政府的工业调研任务,发布工业统计信息,为政府提供了决策依据。

制造业发展协会通过举办工业展览会、创办工业学校和引进外国移民等方式推动民族工业的发展。该协会先后在 1884 年、1885 年、1890 年、1894 年和 1904 年举办了全国工业展览会,引起了强烈的社会反响,不仅宣传了民族工业产品,而且激发了国内投资者创办实业的热情。工业展览会还起到了推广技术的作用,如 1890 年展览会推介国外的最新技术和机器信息,启发智利面粉业进行技术革新,许多企业开始用辊式面粉机取代传统的石磨,

---

① See Marcello Carmagnani, *Desarrollo industrial y subdesarrollo económico:el caso chileno (1860 -1920)*, Traducción de Silvia Hernandez, Santiago de Chile: Dirección de Bibliotecas, Archivos Museos, 1998, pp.116–122.

② See Henry W. Kirsch, *Industrial Development in a Traditional Society:the Conflict of Entrepreneurship and Modernization in Chile*, Gainesville: University Press of Florida, 1977, p.130.

大大提高了生产效率和产品质量。到 1924 年,制造业发展协会在安托法加斯塔、瓦尔帕莱索、塔尔卡、康塞普西翁、特木科、瓦尔迪维亚、奥索尔诺、蒙特港和蓬塔阿雷纳斯等地都设立了地方理事会或办事处,进一步扩大了该组织对国内工业发展的影响。该协会将培养技术工人视为发展民族工业的重要条件,并提倡投身工业的劳动精神,批评富裕家庭子弟一味青睐律师职业,而缺乏工业理想和对工业的尊重。在政府的资助下,该协会在圣地亚哥、瓦尔帕莱索、拉塞雷纳、塔尔卡、奇廉、康塞普西翁和瓦尔迪维亚等地开设了工业学校,培养了一批技术人才。1921 年,制造业发展协会掌管着 13 所工业学校,将政府拨款总数的 1/3 用于学校开支。[①]该协会还设立了工业移民办公室,致力于引进外国企业家和技术工人。在该组织和智利政府的赞助下,1884—1902 年共有 3.1 万多欧洲移民来到智利,其中 1888—1890 年的移民数量最多,达到了 2.1 万多人。[②]外国移民开创了许多工业部门,推动了智利早期工业化进程。此外,制造业发展协会还游说政府建立了工业信贷银行,拓宽了民族工业企业的融资渠道。

制造业发展协会并不排斥土地寡头集团,而是和其保持着密切联系。该协会的建立并未遭到土地寡头的阻挠,其创始会员中包括 4 位农业经营者,他们是拉蒙·巴尔马赛达(Ramón Balmaceda)、爱德华多·马特(Eduardo Matte)、弗朗西斯科·巴尔德斯·奎瓦斯(Francisco Valdés Cuevas)和恩里克·兰斯(Enrique Lanz),占总数的 3.66%,恩里克·兰斯还当了 13 年理事。与土地寡头联系密切的 5 位酒商也成为创始会员,占总数的 4.58%,其他非工业部门的会员占 23.84%。制造业领域的创始会员大多从事农产品加工业,因此他们也和

①　See Juan Eduardo Vargas C., La Sociedad de Fomento Fabril: 1883–1928, *Historia (Santiago)*, Vol.13, (1976), p.12, p.25.

②　See Baldomero Estrada, ed., *Presencia italiana en Chile*, Valparaiso: Universidad Catolica de Valparaiso, 1993, p.100.

土地寡头存在联系,其中面粉加工业者占总数的 12.84%,食品、酿酒、制革等部门的企业家也为数不少。[①]该协会的一些重要会员还加入了土地寡头的组织——全国农业协会,典型的例子是卡洛斯·胡斯蒂尼亚诺(Carlos Justiniano)。他最初经营制作军服的小作坊,后来将其发展成大工厂,并成为制造业发展协会的理事。随后他又涉足金融业,并在 1920 年购买了大庄园,以大庄园主的身份跻身全国农业协会的理事,在工业利益集团和农业利益集团都占有一席之地。这种双重身份便于他和传统寡头开展经济合作,他于 1926 年成立了制服生产公司,其董事包括路易斯·马特·拉腊因(Luis Matte Larraín)、弗朗西斯科·加尔塞斯·加纳(Francisco Garcés Gana)和卡洛斯·阿吉雷·卢科(Carlos Aguirre Luco)等传统权贵。[②]制造业发展协会和全国农业协会不仅在会员成分上发生重叠,而且开展合作,如后者协助前者举办了 1884 年的全国工业展览会。两个协会都有关税保护的利益诉求,许多受保护的民族工业品(如酒和皮革)消耗的是国内农业原料,因此关乎土地寡头的利益,当智利农业在 19 世纪后期由外向型增长转为依赖国内市场时,大庄园主也抵制外国产品的竞争,如全国农业协会在 1888 年推动国会颁布关税保护法令,对来自阿根廷的进口牲畜课以重税。

小　结

智利早期工业化受到了各种非经济因素和经济因素的推动。首先,智利的工业发展思想起源于巴斯克人的企业家传统和西班牙新重商主义,独立

---

①　See Juan Eduardo Vargas C.,La Sociedad de Fomento Fabril:1883-1928,*Historia*(*Santiago*),Vol.13,(1976),pp.12-19.

②　See Henry W. Kirsch,*Industrial Development in a Traditional Society:the Conflict of Entrepreneurship and Modernization in Chile*,Gainesville:University Press of Florida,1977,p.76.

后受到美国和德国工业保护思想的影响，并在早期现代化时期成为一股社会思潮，以推动政府扶持工业和民众创办实业的形式加快了工业化进程。其次，智利政府通过公共工程建设改善了工业化的基础设施条件，并在1897年、1916年、1921年和1928年进行了关税保护立法，还以直接投资、提供订单和信贷的方式促进民族工业的发展。再次，外国移民带来了资金和技术，成为许多工业部门的开拓者，外国公司直接投资智利工业，或为智利企业提供信贷。最后，硝石出口繁荣导致智利外汇收入增长，保障了工业资本品和原料的进口，矿区和城市还为国内制造业提供了市场。

智利的早期工业化持续了半个世纪，初步建立了以非耐用消费品生产为主体的工业体系。太平洋战争之后，智利国内出现了创办工厂的热潮，以啤酒、皮革、食糖和面粉等行业为主，且集中在圣地亚哥和瓦尔帕莱索等中心城市。20世纪前20年，智利工业部门的种类增多，扩大到整个非耐用消费品部门，中间产品生产也获得较快发展，并且出现了一批垄断国内市场的大企业。20世纪20年代，工业部门继续增长并开启了电气化进程，在早期现代化结束时基本实现了非耐用消费品的进口替代。但是智利新兴的工业部门缺乏自主发展能力，结构相对单一，没有建立起基础工业部门，并且与传统的手工业并存。

国内寡头和移民企业家主导了智利的早期工业化进程，形成了受传统价值观影响的工业利益集团。大庄园主通过创办实业跻身工业企业家之列，有些还成为垄断行业的工业寡头。移民企业家是智利工业的开拓者，但他们成功后往往融入本土的寡头集团。土地是新旧经济权贵结合的纽带，发挥着社会认同和财富积累的双重作用。工业利益集团于1883年建立了制造业发展协会，推动政府颁布扶持民族工业的政策，通过举办工业展览会、创办工业学校和引进外国移民等方式推动民族工业的发展，但也与土地寡头及其组织保持着密切联系。

第三章　缓慢的农业现代化之路

自 19 世纪 80 年代开始,智利开启了农业现代化进程。以大地产制为基础的土地所有制结构进行了局部调整,劳役佃农制度开始松弛。小麦出口贸易由盛转衰,基于国内市场的内向型农业获得了较快发展。但是智利农业的制度变革相对滞后,大庄园制继续束缚农业的发展。

第一节　土地所有制结构的调整

在早期现代化时期,智利的土地所有制结构进行了调整。中央谷地的大地产出现了分割趋势, 中等地产获得了一定发展, 小地产呈现出碎片化现象,南方的土地兼并导致新的大庄园形成。

一、中央谷地大地产的分割

从 19 世纪 80 年代开始,中央谷地的大地产出现了分割趋势,这种变化在一定程度上促进了农业的专业化生产,但并未从根本上改变传统的土地制度。

大地产的分割源于人口和经济压力,其特点是特大庄园的比重减少,一般大庄园的数量增加。中央谷地的土地在殖民地时期就已经被大庄园主瓜分殆尽,独立后的小麦出口繁荣进一步巩固了大地产制。但是从19世纪80年代开始,大地产难以再保持以往的稳定性。一方面,虽然乡村人口在全国总人口中的比重持续下降,但其绝对数量还在增长,由1865年的142万人增长到1885年的179万人,1907年突破了200万人。[①]这种增长趋势既表明无地农民群体的规模在扩大,也表明大庄园主的家族人数在增加,从而导致庄园继承人的数量增长和大地产的分割。另一方面,19世纪晚期智利的小麦出口贸易衰退,冲击了传统的大地产结构。一些大庄园主为了获得生活费用或投资工商业,将部分地产进行抵押或出售,进而扩大了土地所有者的数量。大地产的分割导致特大庄园的比重下降,一般大庄园的数量增加,前者的面积在5000公顷以上,后者的面积在1000~5000公顷之间。在圣费利佩,1001~5000公顷的大庄园由1854年的2家增加到1917年的6家,所占土地的比重由31.6%增加至51.9%。在考波利坎,5000公顷以上的特大庄园在1854年占有当地56%的地产,但其比重在1917年降至44.6%,同时期1001~5000公顷大庄园的数量由21家增加到31家,所占土地的比重由23.6%提高至24.5%。[②]1880—1902年,潘戈谷地有7家传统的大庄园被分割,包括埃斯梅拉达、圣何塞、奥瓦列、帕塔吉利亚、乔里略斯、马利亚劳科和帕吉尔莫。[③]

① See Carlos Hurtado Ruiz-Tagle, *Concentración de población y desarrollo económico:el caso Chileno*, Santiago de Chile:Universidad de Chile, 1966, p.146.

② See Arnold J. Bauer, *La sociedad rural chilena:desde la conquista española a nuestros días*, Santiago de Chile:Editorial Andres Bello, 1994, pp.152—153.

③ See Jean Borde y Mario Góngora, *Evolución de la propiedad rural en el Valle de Puangue*, Tomo I, Santiago de Chile:Universidad de Chile, 1956, p.91.

1854—1914 年，智利中部的大地产数量由 288 家增加到 554 家，增长了 1.4 倍。[①]

　　大地产的分割形式有两种，分别为分割继承和分割出售。所谓分割继承，是指大庄园主将其拥有的多处庄园分给不同的继承人，或者将同一庄园内的土地和房产分给多个继承人，这就导致同一区域内的许多大庄园共属于一个家族。1902 年，钦巴隆戈的 8 个大庄园同属于一个家族；纽尼奥阿的 8 个大庄园主出自同一个家族，他们的亲属还在附近地区拥有 4 处大地产；基约塔的一个家族在本地拥有 7 处大地产；塔尔卡附近的 15 家大地产分属于两个关系密切的家族，其他地区也出现了类似情况。其中一些案例表明，同一家族的地产规模在扩张，即兼并周边地区的土地，但更多的案例显示，同一家族的大地产进行了分割，从而导致庄园的数量增多。[②]这些由大庄园分割而成的新庄园被称为"小庄园"(hijuela)，意为大庄园分割出的小庄园。

　　大地产的另一种分割形式是分割出售，即以产权流动的形式改变大地产结构。传统的大庄园主会因经济原因出售地产，购买者往往是那些靠经营工商业和矿业起家的新贵。毗邻首都的地产市值最高，面临分割的压力也更大。如 1895 年，圣地亚哥周边的 46 块大地产是由 19 家大庄园分割而成的，他们当时的价值都在 6 万比索以上，面积均在 1000 公顷以上。其中诺斯大庄园被分割成 4 块出售，其中一块以 52 万比索的高价卖给了拉蒙·叙贝尔卡赛奥(Ramón Subercaseaux)。土地市场上还有一些中等地产，如 300~500 公顷的城郊园地(chácara)，他们的商业价值更高，其购买者中不乏外国商人。[③]在 1930 年前后，智利的个别大庄园还被分成小块地产出售，其面积在

　　① See José Bengoa, *Historia social de la agricultura chilena*, Santiago de Chile: Ediciones SUR, 1990, p.14.

　　② See George McCutchen McBride, *Chile: Land and Society*, New York: American Geographical Society, 1936, pp.139–140.

　　③ See José Bengoa, *Historia social de la agricultura chilena*, Santiago de Chile: Ediciones SUR, 1990, pp.27–28.

5~60 公顷之间,购买者可以分期付款,受到土地租赁者、分成制农民、政府雇员和富裕手工业者的青睐。[1]但智利的土地主要以次级大地产的形式流转,大地产分割成中小地产的现象并不普遍。

大地产的分割在一定程度上促进了农业专业化生产,但并未从根本上改变传统的土地制度。传统的大庄园面积广阔,往往横贯溪流和山脉,除了水浇地得到悉心耕作外,其他土地往往被用来放牧乃至抛荒。分割后的大地产能够得到更加合理的经营,利于农业专业化生产,这在城郊地区最为明显。如圣地亚哥近郊的格兰哈和佛罗里达有许多集约化经营的园地,他们由大庄园分割而成,从事专业化的农牧业生产,以满足首都市场的需求。如巴伦苏埃拉园地的面积在 65 夸德拉,其中 50 夸德拉土地用来种植苜蓿,养殖 150 头牛,其中 50 头奶牛日产牛奶 200 升。[2]但是大地产的分割并未改变智利传统的大庄园制,也没有从根本上推进农业现代化。首先,分割形成的绝大多数新地产依然为大庄园,只是面积较早期的大庄园有所减小,他们继续垄断智利的土地,并延续劳役佃农制度。1923 年,243 家 5000 公顷以上的特大庄园仍然占据着智利中部 48.8% 的土地,840 家 1001—5000 公顷的大庄园占有 24.3% 的土地。[3]其次,土地流通具有排他性特征,要么在大庄园主家族内部传承,要么在新旧经济权贵之间流动,只是改变了土地寡头集团的成员结构,而没有惠及中下层民众,发展小地产在当时仅是一种尝试而已。最后,仅有少数庄园实现了集约化和专业化生产,大多数庄园还在延续传统的生产方式和经营方式,新的大土地所有者也没有转型为现代意义上的农业

---

[1] See George McCutchen McBride, *Chile: Land and Society*, New York: American Geographical Society, 1936, pp.264-266.

[2] See José Bengoa, *Historia social de la agricultura chilena*, Santiago de Chile: Ediciones SUR, 1990, pp.41-42.

[3] See Arnold J. Bauer, *La sociedad rural chilena: desde la conquista española a nuestros días*, Santiago de Chile: Editorial Andres Bello, 1994, p.223.

资本家。因此,大地产的分割只是数量上的调整,而无结构上的变革。

二、中小地产的发展状况

智利的中小地产在早期现代化时期发生了分化,中小庄园和部分小农实现了专业化生产,大部分小农则因地产分割而陷于贫困。

中小庄园的集约化程度高,成为重要的商品农业生产单位。中小庄园的面积通常在 200~1000 公顷之间,水浇地比重高的小地产(51~200 公顷)也可以列入小庄园行列。1923 年,智利中部共有 201~1000 公顷的中小庄园 2686 家,总面积接近 123 万公顷,平均面积约为 457 公顷。这些中小庄园占有智利中部 16.3%的土地,仅次于 5000 公顷以上的特大庄园和 1001~5000 公顷的大庄园。[①]南方的中小庄园集中在瓦尔迪维亚、奥索尔诺和延基韦,是德国移民的农业拓殖区。中小庄园的土地相对肥沃,主要依靠家庭成员和雇佣劳动力进行生产,集约化程度高,推动了智利商品农业的发展。中央谷地腹地的中小庄园临近城市市场,拥有大块水浇地,生产各种畜产品、水果和蔬菜。在南方的中小庄园,德国移民将森林开辟为农场,引进农业机械,生产各种谷物和畜产品,延基韦湖地区有许多 50~100 公顷的家庭农场专门从事乳制品生产。1908—1909 年,奥索尔诺生产了 2327 公担黄油,延基韦省的黄油产量占全国的一半以上,并通过新修建的铁路销往中央谷地城市。[②]此外,德国移民还鞣制皮革,生产啤酒,大量供应国内外市场,繁荣了南方的农产品加工业。

拥有土地较多的小农能够参与商品农业生产,从而获得一定发展。小农的土地面积在 50 公顷以下,是否能够进行商品农业生产要依具体的土地面

---

① See Arnold J. Bauer, *La sociedad rural chilena:desde la conquista española a nuestros días*,Santiago de Chile:Editorial Andres Bello,1994,p.223.

② See José Bengoa, *Historia social de la agricultura chilena*,Santiago de Chile:Ediciones SUR,1990,pp.189–195.

积、土地中的水浇地比重、所有者的家庭成员数量、距离市场远近等因素而定。21~50 公顷的小地产最有可能具备这种能力。1925—1926 年,智利中部拥有 21~50 公顷的小地产有 8888 户,数量最多的是毛莱省,达到 1569 户,其次为纽夫莱省,有 1331 户,康塞普西翁省居第三位,有 1114 户。这三个省均位于中央谷地南部,大庄园制度不如北部地区稳固,因而为小地产提供了生存空间。纽夫莱和康塞普西翁自殖民地时期就保持着数量众多的小地产,毛莱的小地产大多形成于 20 世纪初,集中于海岸山地区。其主要由家庭成员进行耕作,水浇地比重大的小地产也会雇佣少数劳动力。毛莱河以南地区的灌溉条件较好,这里的小农能够为小麦出口部门提供产品。中央谷地北部地区的小农受干旱和地形的影响,其生存条件较差,而且还会受到大庄园的排挤。但阿空加瓜省的小农能够利用当地的气候种植蔬菜和水果,水果的品种包括无花果、食用葡萄、桃、梨、鳄梨、番荔枝和草莓等,产品通常供应附近的城镇市场。

表 3-1　1925—1926 年智利中部小地产的结构

省份	5 公顷以下	5~20 公顷	21~50 公顷	总数
科金博	4871	544	113	5528
阿空加瓜	3895	447	167	4509
瓦尔帕莱索	1571	410	176	2103
圣地亚哥	1746	422	227	2395
奥伊金斯	2450	283	90	2823
科尔查瓜	5439	1396	492	7327
库里科	3389	1301	695	5385
塔尔卡	2349	1159	564	4072
毛莱	3765	3444	1569	8778
利纳雷斯	2715	1789	745	5249
纽夫莱	4061	3166	1331	8558
康塞普西翁	3410	2888	1114	7412
阿劳科	293	517	684	1494
比奥比奥	1405	1802	921	4128
总数	41359	19568	8888	69761

资料来源:George McCutchen McBride, *Chile: Land and Society*, New York: American Geographical Society, 1936, p.235.

更多的小地产受制于人口压力,呈现出碎片化现象。随着乡村人口的自然增长,小地产和大地产一样,面临着土地继承问题。小农将本来就很狭小的土地分给多个继承人,经过一代代的分割继承,小地产支离破碎,导致不足5公顷的微型地产(minifundio)大幅增加。1917年,智利中部有不足5公顷的微型地产有26033户,占土地所有者数量的42.2%,却仅拥有0.7%的地产。与之相比,216家5001公顷以上的特大庄园仅占土地所有者数量的0.4%,但却占有46.6%的地产。这2.6万多户微型地产的总面积为41987公顷,平均每户拥有土地1.6公顷。[①]小地产点缀于大庄园之间,是智利乡村贫富悬殊的真实写照。1925—1926年,智利中部的小地产数量达到69761户,其中不足5公顷的微型地产增长到41305户,约占小地产总数的3/5。微型地产的总面积为61786公顷,平均每户不足1.5公顷。[②] 21~50公顷和5~20公顷的小地产集中于中央谷地南部,但微型地产的分布相对均匀,遍及整个智利中部地区。随着人口压力的加大,较大面积的小地产也不断被分割成微型地产。微型地产的面积狭小,而且许多还位于海岸山或安第斯山的坡地,灌溉条件差,难以保障农户的基本生活需求。这就迫使小农到大庄园当雇工,以补贴家用,或者到矿区和城市谋生。

三、南方地区的土地兼并

南方的农业拓殖与土地兼并交织在一起,有权势的地产主或公司侵吞印第安人和拓殖小农的土地,建立了许多大庄园或大牧场。

土地投机者在阿劳卡尼亚兼并印第安人和拓殖小农的土地,建立了大

---

① See Arnold J. Bauer, *La sociedad rural chilena:desde la conquista española a nuestros días*, Santiago de Chile:Editorial Andres Bello,1994,p.154.

② See George McCutchen McBride, *Chile:Land and Society*,New York:American Geographical Society,1936,pp.235-236.

庄园。征服阿劳卡尼亚之后,智利政府拍卖了大片原属于印第安人的土地。虽然单块份地的面积被限定在 400 公顷以下,但大投资者会通过并购多块份地的方式扩大地产。如瓦尔帕莱索商人本斯特(Bunster)最初在安戈尔经营面粉业,后来购买了特赖根周边的大片肥沃土地,还被选为参议员。其家族在印第安人核心区域拥有一个 1275 公顷的大庄园。在政府所拍卖的土地中,许多已经被来自中央谷地的无地农民开辟成了农田,但政府并不承认这些拓殖小农的所有权,而这些小农也无钱购买份地。他们遭到政府和土地投机者的驱逐,不断向南迁移,甚至辗转来到阿根廷边境地区。虽然马普切人保留了一部分集体土地,但这些土地也被投机者所觊觎。大地产主使用各种欺诈手段蚕食印第安人的土地,如强行移动栅栏,改变溪水或河流的走向,从而将地界向前推移,或者以租赁的名义将马普切人的土地据为己有,或者灌醉马普切人酋长,让其签署"出卖"土地的契约。马普切人因上述欺诈手段而失去了将近 1/3 的土地。当地一块份地最初只有 300 公顷,但通过蚕食周边的马普切人土地,到 1930 年已经扩张为 1180 公顷的大庄园,这种情况在拓殖区很普遍。智利政府将边疆的开发寄希望于外国移民,于 1905 年将昆科的 20 万公顷土地授予亚伊玛公司,于 1907 年将特木科海岸地区的 4 万多公顷土地授予布迪公司,委托这两家大地产公司招募外国拓殖移民。这些土地上居住着马普切人和本国的拓殖小农,其中昆科地区的居民数为 1160 人,他们遭到大地产公司的驱逐,被强行剥夺了土地。这些大地产公司具有投机性质,不仅没有完成引进外国移民的计划,还加剧了南部地区的社会冲突。[①]

大地产公司在麦哲伦、巴塔哥尼亚等地区吞并小农场,建立了大牧场。从 1884 年开始,智利政府在麦哲伦地区推行土地租赁制度,即授予农牧业开发者以使用权,而将所用权留归国家。出租份地的面积在 2000 万~3000 万

---

① See José Bengoa, *Historia social de la agricultura chilena*, Santiago de Chile: Ediciones SUR, 1990, pp.151–181.

公顷之间,租期20年,拍卖租赁权的底价为前10年每公顷5分,后10年每公顷11分。1884年共拍卖90块出租份地,总面积达到57万公顷,其中包括4块3万公顷和1块2万公顷的大地产。1887—1891年,巴塔哥尼亚和火地岛出租了期限在15年的土地。1897年,乌尔蒂马·埃斯佩兰萨湾至邓杰内斯角的海峡地区共有123个牧场,总面积达140多万公顷,平均面积1.1万多公顷,没有超过3万公顷的牧场。[①]土地租赁制度仅延续到1902年,政府在那一年颁布拍卖国有土地的法令,让渡麦哲伦地区的土地所有权。财力雄厚的大地产公司不仅获得了先前所开发土地的产权,而且大量兼并普通移民建立的小农场。如火地岛开发公司并购了乌尔蒂马·埃斯佩兰萨地区的很多小地产,迫使早期的德国拓殖移民离开那里。1903—1906年,29个地产主获得了160多万公顷的土地,平均面积超过5.5万公顷。[②]麦哲伦海峡以北的艾森地区也受到大地产公司的控制,那里的智利拓殖小农被迫迁移到毗邻的阿根廷边境地区。智利的南部边疆地区由此形成了土地高度集中的大牧场。

第二节　劳动制度与社会关系的变化

在早期现代化时期,智利乡村的传统劳动制度与社会关系开始松动,劳役佃农制度逐渐松弛,大庄园主的在外地主特征日趋明显。

---

① See Julio Calderón Agez, *Historia de la industria ganadera en el territorio de Magallanes, Boletín del Ministerio de Agricultura*, No.10, 1936, pp.6–7.

② 参见[英]哈罗德·布莱克莫尔、克利福德·T.史密斯编:《拉丁美洲地理透视》,复旦大学历史系拉美研究室、上海师范大学地理系译,上海译文出版社,1980年,第475~476页。

一、劳役佃农制度的松弛

随着生产力的发展与人口流动的加快，智利农业的雇佣劳动力比重增加，劳役佃农对大庄园的依附关系开始松弛。

雇佣劳动力的比重增加，并且成为中小庄园劳动力的主体。1895 年，中央谷地（迈波河至毛莱河）的农业雇工数为 4.3 万，而劳役佃农数量（含地主）为 6.8 万，前者约为后者的 63%。[①] 1907 年，智利全国的农业雇工数量增长至 23.9 万余人，是劳役佃农（16 万余人）的 1.5 倍。[②] 到了 1930 年，智利的农业雇工超过了 24 万，而劳役佃农减少到 10.5 万人，雇佣劳动力在农业劳动力中的比重接近 70%。[③] 在专业化和现代化程度较高的中小庄园，农业雇工成为劳动力的主体。1910 年之后，圣地亚哥附近出现了所谓的"模范园地"，属于从事葡萄酒、水果和牛奶生产的专业化小庄园，他们采用雇佣劳动制度。如拉格兰哈的埃克塞吉埃拉·布拉沃（Exequiel Bravo）拥有 2 个总面积为 61 公顷的园地，雇佣 35 个外来劳动力，原先居住于此的 6 个劳役佃农也由获得土地用益权改为领取工资。[④] 南方地区的中小庄园较多，雇佣劳动力所占的比重也更大。奇洛埃岛人多地薄，当地劳动力习惯于外出务工，他们通常到瓦尔迪维亚、奥索尔诺和延基韦等地的德国移民庄园中做季节工，或者去

---

① See Arnold J. Bauer, Chilean Rural Labor in the Nineteenth Century, The American Historical Review. Vol.76, No.4 (Oct., 1971), p.1083.

② See José Bengoa, *Historia social de la agricultura chilena*, Santiago de Chile: Ediciones SUR, 1990, p.216.

③ See Dirección General de Estadística, *Resultados del X Censo de la Población: efectuado el 27 de noviembre de 1930 y estadísticas comparativas con Censos anteriores*, Volumen Ⅲ, Santiago de Chile: Imprenta Universo, 1935, p.Ⅵ.

④ See José Bengoa, *Historia social de la agricultura chilena*, Santiago de Chile: Ediciones SUR, 1990, pp.50–52.

麦哲伦地区的大牧场剪羊毛。在德国移民拓殖区,农业雇工的工资是劳役佃农的 2 倍,劳役佃农制度也不同于中央谷地。这里的劳役佃农获得的土地用益权范围少于中央谷地大庄园,只有 2 公顷的份地,但不用向庄园提供额外的义务劳动力或为庄园主做仆役。在劳役佃农为庄园劳动期间,南方的庄园也不像中央谷地那样免费提供口粮,而是以货币进行偿付。①

乡村劳动力的流动性增强,加之外来思潮的影响,大庄园的传统秩序受到挑战。在早期现代化时期,智利矿区和城市的工资水平高于乡村,农业工资增长缓慢,而且持续受到通货膨胀的影响,这就导致乡村劳动力外流。中央谷地大庄园的雇工或劳役佃农到大北矿区、中部城市或南方拓殖区谋生,造成中央谷地的乡村劳动力紧张,也削弱了大庄园主与依附农民的庇护-扈从关系。20 世纪初,矿区和城市的工人运动如火如荼地展开,并波及乡村地区。当硝石产业发生周期性的危机时,失业的矿工返回乡村工作。他们受过工人运动的影响,不再逆来顺受,而是抵制大庄园的低工资和恶劣的劳动条件,鼓动劳役佃农反对大庄园主,冲击了土地寡头的统治秩序。②与此同时,国家关于乡村劳动和土地制度的法律也发生了变化,削弱了大庄园主的权威。1924 年的社会立法虽然局限于城市,但也影响了乡村社会,智利劳工部和内政部已经介入到乡村劳资纠纷中,检查社会保险法在乡村的落实情况,大庄园主也开始负有保障劳役佃农的医疗和教育的义务。③1925 年宪法提出了土地改革的理念,虽然尚未开启土地改革进程,但动摇了大庄园主的统治地位。

---

① See José Bengoa, *Historia social de la agricultura chilena*, Santiago de Chile: Ediciones SUR, 1990, pp.195–199.

② See Brian Loveman, *Chile: The Legacy of Hispanic Capitalism*, Second Edition: New York: Oxford University Press, 2001, p.176.

③ See Brian Loveman, *Struggle in the Countryside: Politics and Rural Labor in Chile, 1919–1973*, Bloomington: Indiana University Press, 1976, pp.41–49.

表 3-2　1866—1925 年智利农业雇工的工资与食品物价指数

年份	工资范围	平均工资	工资指数	食品物价指数
1866—1870 年	20~30 分	25 分	100	100
1871—1875 年	25~30 分	27.5 分	110	123
1876—1880 年	25~30 分	27.5 分	110	134
1881—1885 年	25~35 分	30 分	120	157
1886—1890 年	25~35 分	30 分	120	184
1891—1895 年	30~40 分	35 分	140	204
1896—1900 年	40~45 分	42.5 分	170	255
1901—1905 年	60~100 分	80 分	320	355
1906—1910 年	1~1.4 比索	1.2 比索	480	656
1911—1915 年	1.2~1.6 比索	1.4 比索	560	874
1916—1920 年	1.5~2.2 比索	1.85 比索	740	1161
1921—1925 年	2~3 比索	2.5 比索	1000	1495

资料来源：Arnold J. Bauer, *La sociedad rural chilena：desde la conquista española a nuestros días*, p.182.

二、大庄园主的在外地主特征

随着大庄园主移居城市和投资工商业，其在外地主特征日趋明显，大庄园也盛行委托管理或出租的经营方式。

大庄园主逐渐将日常生活、经济活动和政治活动的重心转移到城市，从而疏远了与乡村大庄园的关系。智利大庄园主的产业在乡村，但其生活重心逐渐转移到了城市。他们在消费方式上模仿欧洲贵族社会，在城市修建富丽堂皇的宅第，参加城市的富豪俱乐部，到欧洲去旅游，其子女也要在城市学校接受中等或高等教育。大庄园主是国会议员和政府官员的主体，要在城市参加政治动员和政府的管理工作，因此许多大庄园主仅把乡村地产作为避暑和度假的去处，平时则很少居住在那里。在早期现代化时期，智利的工商业蓬勃发展，加之小麦出口贸易衰落，许多大庄园主不再专注于农业生产，而是转向其他投资领域，而且许多新的土地权贵本身就是工业企业家、大商人或大矿主。1900—1930年,土地抵押银行拨给土地寡头的贷款从9400万比索增加到1.5亿比索。通货膨胀使实际利率降低,土地寡头实际偿付的本息减少。他们并未将贷款用于发展农牧业,而是往往将钱投资于城市房地产、矿山、银行和保险业,这些投资所得的回报也比投资农牧业要高。①

　　由于大庄园主的在外地主特征日趋明显,大庄园开始盛行委托管理或出租的经营方式。大庄园主平时居住在城市,乡村的产业就委托给管家照料。当时的旅行者发现,许多智利大庄园的管家由外国人担任,如德国人、西班牙人、英国人、苏格兰人、瑞士人或美国人,他们拥有专业的管理技能。除了委托管理,许多大庄园还交由租赁者进行经营。据估计,20世纪初智利中部大约有1/4的庄园实行出租经营。如在圣安东尼奥,27家大庄园中有4家出租,基约塔的76家大庄园中有22家出租,考波利坎的103家大庄园中有17家出租,利纳雷斯的49家大庄园中有14家交由租赁者经营。承租人一般为大庄园主的家族成员,这在那些尚未分割大地产的家族比较常见,也包括本家族之外的土地权贵阶层成员,有时还包括一些外国人。但出身卑微的人很少能够租到庄园,许多承租人也会将庄园交给管家经营或者转租。②委托管理或出租有助于防止大庄园疏于管理,能够保障正常的农业收益。但是这两种经营方式也导致劳役佃农与大庄园主的关系疏远,从而削弱了传统的家长制权威。

---

①　参见[美]约翰·L.雷克特:《智利史》,郝名玮译,中国大百科全书出版社,2009年,第117~118页。

②　See George McCutchen McBride,*Chile:Land and Society*,New York:American Geographical Society,1936,pp.141-144.

第三节 内向型农业的发展

自 19 世纪 70 年代后期开始,智利的小麦出口贸易陷于衰退,但基于国内市场的商品农业增长较快,在生产率、产品结构和区域格局等方面呈现出现代化气息。

一、小麦出口贸易的衰退

由于国际粮食市场竞争激烈,加之资源禀赋和农业制度的缺陷,智利的小麦出口贸易在 19 世纪晚期陷入衰退, 智利也在 20 世纪初退出重要粮食出口国的行列。

1874 年,智利小麦和面粉的出口量达到历史最高值,但随后逐渐退出国际市场。1848 年的"淘金热"导致加利福尼亚对粮食的需求激增,智利的大庄园主和商人利用区位优势增加小麦和面粉出口,随后也向另一个"淘金热"地区——澳大利亚出口粮食,19 世纪 60 年代之后则转向以英国为主的欧洲市场。1848 年,智利的小麦和面粉出口量为 18 万多公担,次年即超过 30 万公担,1855 年接近 60 万公担,1865 年首次超过 100 万公担,1874 年达到历史最高值——200 多万公担。但自这一年开始,智利的小麦出口由盛转衰,1875 年的出口量较上一年削减了近一半,太平洋战争爆发前(1878 年)则跌至 53 万多公担。1879 年又恢复至近 160 万公担,1879—1896 年智利的小麦和面粉出口量在大多数年份能维持在 100 万公担以上, 这和当时欧洲农业歉收有关。从 1897 年开始,智利的小麦和面粉出口量大幅减少。1897—1932年,仅有 1908 年、1909 年、1918 年、1924 年和 1925 年的出口量达到 100 万公担以上,其他年份的出口波动很大,年景好时能达到几十万公担,年景坏时只有几万公担,1915年一度锐减至不足6000公担。①如果国内农业出现歉收,智利还需要进口粮食。因此,兴起于18世纪的智利小麦出口贸易在经历了19世纪中期的繁荣后,于19世纪晚期陷入衰退,智利最终在20世纪初退出了重要粮食出口国的行列。

表3-3　1874—1900年智利的小麦和面粉出口量(公担)

年份	出口量	年份	出口量	年份	出口量
1874	2069282	1883	1360232	1892	1506606
1875	1159161	1884	996395	1893	1886888
1876	1028460	1885	1778421	1894	1201296
1877	831969	1886	1307548	1895	831510
1878	531299	1887	1283560	1896	1414200
1879	1590965	1888	968260	1897	789432
1880	1530512	1889	536214	1898	845546
1881	1133413	1890	316339	1899	541269
1882	1485893	1891	1851633	1900	105786

资料来源:Carmen Cariola Sutter y Osvaldo Sunkel, *La historia econoómica de Chile, 1830-1930: dos ensayos y una bibliografia*, Madrid: Edicions Cultura Hispánica del Intituto de Cooperación Iberoamericana, 1982, p.120.

智利小麦出口贸易衰退的直接原因是国际市场竞争激烈,新兴的农业出口国将智利排挤出国际市场。1861—1865年的南北战争之后,美国加快了对边疆的农业拓殖,小麦的种植区由密西西比河东岸扩展至西部地区。1866—1915年,美国的小麦种植面积增长了3倍,产量则增长了近5倍,小麦的价格由每蒲式耳②2.06美元降至0.96美元,19世纪后期一些年份的小麦出口量约占总产量的1/4。③19世纪80年代,俄国的小麦出口量增加,19

①　See Carmen Cariola Sutter y Osvaldo Sunkel, *La historia económica de Chile, 1830-1930: dos ensayos y una bibliografia*, Madrid: Edicions Cultura Hispanica del Intituto de Cooperacion Iberoamericana, 1982, pp.119-121.

②　蒲式耳(bushel):英制和美制的容量单位,1英式蒲式耳约为36.37升,1美制蒲式耳约为35.24升。

③　参见[美]H.N.沙伊贝等著:《近百年美国经济史》,彭松建等译,中国社会科学出版社,1983年,第74页。

世纪 90 年代,澳大利亚和加拿大的小麦也进占欧洲市场。智利的邻国阿根廷也扩大小麦的生产规模和出口量,1910—1914 年阿根廷农作物的年均耕种面积较 1865—1869 年增长了近 34.6 倍, 小麦出口值由 1875—1879 年的每年 20 万金比索激增至 1890—1894 年的每年 2800 万金比索,1900—1904 年的小麦年均出口值为 5500 万金比索,1910—1914 年增长至每年 7800 万金比索。[①]从 19 世纪晚期开始,国际小麦市场的竞争日趋激烈,并导致小麦出口价格下跌,使不具有成本优势的智利小麦雪上加霜。1855—1857 年,智利的小麦出口价格为 7~8 比索/法内加[②],利润约为 1.2 比索,1871—1873 年的出口价格降至 5.17 比索/法内加,由于运费也同时下降,利润还能维持在 1.1 比索,但 1885—1887 年的出口价格跌至 2.89 比索/法内加,利润仅为 0.1 比索,无利可图的智利小麦只能退出国际市场。[③]

智利小麦出口贸易衰退的根本原因在于, 智利的资源禀赋和农业制度存在缺陷。19 世纪后期崛起的小麦出口国都是幅员辽阔的大国,如美国、澳大利亚、加拿大、俄罗斯和阿根廷。他们拥有广袤的温带平原地区,便于大规模的农业垦殖。最典型的是美国,1860—1910 年美国农场主和牧场主新投入生产的土地几乎相当于整个西欧的面积。澳大利亚的墨累–达令盆地、俄罗斯的东欧平原和阿根廷的潘帕斯平原也都适合大规模的农业开发。与之相比,智利的国土面积相对狭小,而可利用的耕地资源更是有限。据估算,在智利的 75.7 万平方千米国土中,肥沃水浇地、次等水浇地、肥沃旱地等耕地的面积约为 5 万平方千米, 仅占国土总面积的 6.6%;15 万平方千米的山地和贫瘠平原可用于放牧;而剩余 3/4 的土地为荒漠、安第斯山及其余脉、海岸

---

① See Carlos Diaz–Alejandro, *Essays on the Economic History of the Argentine Republic*, New Haven and London: Yale University Press, 1970, p.2, p.5.

② 法内加(fanega):西班牙和拉美国家的旧容量单位,在不同地区分别合 22.5 升或 55.5 升。

③ See Arnold J. Bauer, *La sociedad rural chilena: desde la conquista española a nuestros días*, Santiago de Chile: Editorial Andres Bello, 1994, p.96.

山、湖泊等,几乎没有农业价值。也就是说,智利的农牧业用地面积总计20万平方千米。与之相比,乌拉圭的国土面积不及智利的 1/4,但其在 1900 年的农牧业用地面积却达到了 15 万多平方千米。[①]除了资源禀赋的缺陷外,智利的农业制度僵化,传统的大庄园制根深蒂固,限制了农业生产率的提高。许多新兴的农业出口国较早实现了农业现代化,如南北战争之后,美国南方废除了奴隶制,西部地区建立了资本主义大农场或家庭农场,农业生产实现了机械化,并且应用现代农业科技进行耕作。同时期,澳大利亚和加拿大也实现了农业的专业化、规模化和现代化生产。虽然阿根廷也盛行大地产制,但远不如智利的大庄园制僵化,而且阿根廷农业广泛使用由移民组成的雇佣劳动力,而智利的劳役佃农制一直比较稳定,劳动制度的差异也影响了生产效率。

二、国内市场扩大与农业增长

在硝石出口繁荣、城市化和工业化的带动下,智利国内的农业市场规模不断扩大,推动了农业增长及其生产率的提高。

硝石矿区和城市对基本消费品的需求持续增加,刺激了国内的粮食、畜产品、果菜和林产品的生产。硝石出口繁荣造就了一个颇具规模的矿区市场,据估算,1880—1887 年大北地区农牧产品的年均市场规模约为 700 万美元,1890 年增长到 1000 万美元,1913 年增长至 4000 万美元,1920 年达到 6000 万美元,此后 9 年在 3000 万美元上下浮动。1881—1883 年,国内销往大北地区的小麦和面粉为 6600 吨,1902—1905 年增长到年均 2 万多吨,同时期菜豆的年销量由 758 吨增长到 1388 吨,马铃薯的年销量由 1.3 万吨增

---

① See Francisco Antonio Encina,*Nuestra inferioridad económica:sus causas,sus consecuencias*, Qinta edicion,Santiago de Chile:Editorial Universitaria,1981,pp.36–37.

长到 2 万吨,大麦的年销量由 2 万吨增长到 2.7 万吨,牲畜、水果干、干草料、木材的销量也有大幅增长,酒和皮鞋等农牧业制成品的增幅更大。[①]城市市场的规模也不断扩大,其人口数量由 1875 年的 54 万人增加到 1895 年的 92 万人,1907 年增加到 122 万人,1920 年接近 160 万人,1930 年突破了 200 万人。[②]城市居民的粮食、肉类、乳制品、水果和蔬菜的消费量也随之不断增加。例如,1910—1912 年全国的年均牛奶产量为 1.19 亿升,1918—1922 年增至每年 1.69 亿升,1929—1930 年达到每年 2.75 亿升。城市工业部门增加了国内农业原料的投入,最典型的是酿酒业。智利啤酒业在初创时期需要进口大麦,之后国内开始种植大麦,啤酒产量的增加又进一步刺激了大麦的生产。以瓦尔迪维亚的安旺特啤酒厂为例, 其大麦消费量在 1873 年仅为 4243 公担,1882 年达到了 1.1 万多公担,两年后即增长到 2.4 万公担,1893 年为 3.5 万公担,1898 年为 4 万公担,1914 年达到了 8 万公担。[③]葡萄酒和奇恰酒的产量由 1910 年的 1.2 亿升增长至 1913 年的 2.3 亿升,1915 年则超过了 3 亿升,间接反映了葡萄种植面积的大幅增长。[④]与此同时,铁路线将南方农业区与北部工矿业地区联结起来,极大地便利了农产品在全国市场的流通。

在国内市场的刺激下,智利农牧业的产量和产值大幅提高,产品结构趋于多元。1911 年,智利的农作物播种面积约为 54 万公顷,1913 年增长到 65 万公顷,1917 年增长到 72 万公顷,1923 年超过 80 万公顷,1928 年达到 110

①　See Carmen Cariola Sutter y Osvaldo Sunkel, *La historia económica de Chile, 1830−1930: dos ensayos y una bibliografia*, Madrid: Edicions Cultura Hispánica del Intituto de Cooperación Iberoamericana, 1982, p.120.

②　See Carlos Hurtado Ruiz−Tagle, *Concentración de población y desarrollo económico: el caso Chileno*, Santiago de Chile: Universidad de Chile, 1966, p.146.

③　See Patricio Bernedo Pinto, Los industriales alemanes de Valdivia, 1850−1914, *Histioria*(Santiago), No.32, 1999, p.15.

④　See Marto Ballesteros, Desarrollo Agrícola Chileno, 1910−1955, *Cuadernos de Economía*, Vol.2, No.5(1965), p.30.

万公顷。农作物种类较多,除了传统的小麦,还包括大麦、燕麦、玉米、马铃薯、菜豆、鹰嘴豆、豌豆、兵豆和烟草。畜牧业发展较快,牛的存栏数在 1911年为 164 万头,1919 年增长到 216 万头,1929—1930 年的年均存栏数达到239 万头。同时期,绵羊的存栏数由 354 万头增长到 450 万头,最后达到 626万头;猪的存栏数由 16 万头增长到 29 万头,最后达到 33 万头;山羊的存栏数由 21 万头增长到 46 万头,最后达到 79 万头。[①] 1928—1932 年,智利的农牧业总产值较 1910—1912 年增长了 70%, 其中农作物产值增长了 62%,葡萄酒产值增长了 94%,畜牧业产值(牲畜、牛奶和羊毛)增长了 71%。

表 3-4 1910—1937 年智利农牧业的生产指数(1933—1937 年 =100)

年份	农作物	葡萄酒	畜牧业	总产值
1910—1912 年	54.8	49.1	56.0	54.6
1913—1917 年	62.4	80.2	71.7	68.9
1918—1922 年	63.9	57.7	78.9	69.8
1923—1927 年	71.4	70.8	73.2	72.1
1928—1932 年	88.8	95.4	95.9	92.9
1933—1937 年	100.0	100.0	100.0	100.0

资料来源:Marto Ballesteros, Desarrollo Agrícola Chileno, 1910-1955, *Cuadernos de E-conomia*, Vol.2, No.5(1965), p.13.

智利的农业生产率有较大提高,反映在单位产量、生产率和机械化水平等方面。智利粮食的单位产量在早期现代化时期有大幅提高,每公顷小麦的产量在 1877—1878 年为 6.8 公担,1904—1905 年提高到 10.3 公担,1912—1913 年达到 14 公担,1917—1918 年和 1927—1928 年维持在 12 公担。每公顷大麦的产量由 1877—1878 年的 7.8 公担增加到 1917—1918 年的 19 公担,同时期每公顷玉米的产量由 3.3 公担增加到 15.4 公担,每公顷马铃薯的

---

① See Marto Ballesteros, Desarrollo Agrícola Chileno, 1910-1955, *Cuadernos de Economía*, Vol.2, No.5(1965), p.11, pp.34-35.

产量由 42.6 公担增加到 82.4 公担。①单位产量的增加表明,智利的农业生产率得到提高。通过横向对比,1911—1920 年智利农业生产率(产出/投入)的年均增幅为 1.4%,高于同时期的阿根廷和美国,1920—1930 年的年均增幅为 1.6%,低于阿根廷,但仍高于美国。就人均生产率而言,1911—1920 年,智利人均农业生产的年均增长率为 1.4%,1920—1930 年达到了 1.6%,1935 年后出现负增长,表明大萧条后的农业增长难以满足新增人口的需求。智利农业的机械化水平在早期现代化时期也得到提高,1913—1917 年,智利的年均农业机械投入较 1910—1912 年增长了 15%,1923—1927 年较 1910—1912 年增长了 9%,1928—1932 年较 1923—1927 年增长了 8%。1930 年,智利拥有播种机3204 台,堆垛机 3360 台,脱粒机 4542 台,收割机 239 台,拖拉机 660 台。②

表 3-5　智利、阿根廷和美国的农业生产率比较

智利		阿根廷		美国	
1911—1920 年	1.4%	1908—1920 年	0.8%	1909—1919 年	—0.3%
1920—1930 年	1.6%	1920—1930 年	2.7%	1919—1929 年	1.2%
1930—1935 年	—0.2%	1930—1940 年	0.6%	1929—1937 年	0.8%

资料来源:Marto Ballesteros,Desarrollo Agrícola Chileno,1910-1955,*Cuadernos de Economia*,Vol.2,No.5(1965),p.24.

三、农业区域格局的变化

随着生产增长与边疆拓殖,智利的农业区域格局发生了重要变化。中央谷地调整了产品结构,农业重心因阿劳卡尼亚的拓殖而南移,麦哲伦和巴塔哥尼亚等边疆地区的畜牧业得到发展。

---

① See Carmen Cariola Sutter y Osvaldo Sunkel,La historia económica de Chile,1830-1930:dos ensayos y una bibliografia,Madrid:Edicions Cultura Hispánica del Intituto de Cooperación Iberoamericana,1982,p.158.

② See Marto Ballesteros,Desarrollo Agrícola Chileno,1910-1955,Cuadernos de Economia,Vol.2,No.5(1965),p.15,p.21,p.36.

中央谷地的大庄园调整产品结构,增加了葡萄酒和牛奶等产品的生产。中央谷地是智利的传统农业区,长期实行小麦种植和牲畜饲养相结合的混合农业,分工相对简单、集约化程度不高。19 世纪晚期的小麦价格下跌冲击了传统的生产模式,一些大庄园调整产品结构,生产面向国内市场的葡萄酒和牛奶等产品。中央谷地集中了全国大部分城市人口,拥有圣地亚哥和瓦尔帕莱索两个最大的城市,为上述产品的专业化生产提供了市场保障。1877—1878 年,中央谷地的年均葡萄酒产量为 3000 多万升,占全国总产量的 69%;其年均产量在 1904—1905 年达到 1 亿升,占全国的 78%;1912—1913 年的年均产量为 1.4 亿升,在全国的比重仍保持在 78%;1927—1928 年的年均产量增长到 2.4 亿升,在全国总产量中的比重提高至 80%。[1]为了满足首都市场对牛奶的需求,圣地亚哥周边的牛奶庄园改良了品种,每头本地牛的产奶量为 3~4 升,而引进的英国达勒姆牛的产奶量超过 10 升,荷兰牛的产奶量更高,达到 25 升以上。这些庄园还进行专业化的苜蓿种植,以保障饲料供给。[2]1918—1922 年,智利的年均牛奶产量为 1.69 亿升,较 1910—1912 年增长了 42%,1929—1930 年的产量达到每年 2.75 亿升,较 1918—1922 年增长了 63%。[3]

随着阿劳卡尼亚的拓殖,智利的农业重心开始南移。太平洋战争之后,智利进占阿劳卡尼亚地区,掀起新一轮农业拓殖高潮。比奥比奥河以南地区四季多雨,农业生产不像中央谷地那样依赖灌溉。随着拓殖移民的不断增多,以阿劳卡尼亚为核心的边境区逐渐成为全国粮食主产区。1860 年,康塞

① See Carmen Cariola Sutter y Osvaldo Sunkel, *La historia económica de Chile, 1830–1930: dos ensayos y una bibliografia*, Madrid: Edicions Cultura Hispánica del Intituto de Cooperación Iberoamericana, 1982, p.156.

② See José Bengoa, *Historia social de la agricultura chilena*, Santiago de Chile: Ediciones SUR, 1990, pp.40–42.

③ See Marto Ballesteros, *Desarrollo Agrícola Chileno, 1910–1955*, Cuadernos de Economía, Vol.2, No.5(1965), p.12.

普西翁和边境区的小麦产量仅占全国总产量的 8%，约为中央谷地的 1/10。在征服阿劳卡尼亚前的 1880 年，康塞普西翁和边境区的小麦产量减少，其在全国的比重降至 0.2%，仅为中央谷地的 2.2%。但随着南方拓殖，小麦生产的地理格局发生重大变化。一方面，中央谷地减少小麦生产，其在全国的比重由 1880 年的 88% 降至 1885 年的 65%，后又降至 1908 年的 51%。另一方面，康塞普西翁和边境区的小麦产量不断增加，1885 年的产量较 1880 年增长了 11.8 倍，约占全国总产量的 22.5%，1908 年的产量又较 1885 年翻了一番，在全国的比重上升至 38%，约为中央谷地产量的 3/4。如果不将康塞普西翁地区计算在内，马耶科省至麦哲伦地区的小麦产量在全国的比重由 1877—1878 年的 5.4% 上升到了 1884—1885 年的 15.3%，在 1904—1905 年增至 34.4%，在 1927—1928 年接近 40%。阿劳卡尼亚的核心地区——考廷省在 1885 年前还未被列入小麦生产统计列表，但在 1904—1905 年和 1927—1928 年跃居为全国小麦产量最高的省份，超过了科尔查瓜、圣地亚哥、奥伊金斯和塔尔卡等中央谷地的传统小麦种植省，马耶科省的小麦产量在 1912—1913 年和 1917—1918 年也占据全国首位。[①]

表 3-6　智利各地区小麦产量的变化（公担）

地区	1860 年	1870 年	1880 年	1885 年	1908 年
小北	74000	81000	150000	144000	75000
中央谷地	997000	1682000	3218000	2615000	2414000
康塞普西翁和边境区	102000	216000	70000	897000	1807000
湖区	29000	32000	124000	193000	396000
海峡区	19000	27000	78000	144000	44000
总计	1221000	2038000	3640000	3993000	4736000

资料来源：Carlos Hurtado Ruiz-Tagle, *Concentración de población y desarrollo económico: el caso Chileno*, Santiago de Chile: Universidad de Chile, 1966, p.161.

[①] See Carmen Cariola Sutter y Osvaldo Sunkel, *La historia económica de Chile, 1830-1930: dos ensayos y una bibliografia*, Madrid: Edicions Cultura Hispánica del Intituto de Cooperación Iberoamericana, 1982, p.153.

随着边疆拓殖,麦哲伦和巴塔哥尼亚等地区的畜牧业得到发展。麦哲伦海峡地区和巴塔哥尼亚高原地处高纬度的西风带,受到西方风暴的影响,地表森林植被较少,但拥有大片草场,适宜发展畜牧业。外国移民在该地区的开拓过程中发挥了重要作用。1895年,麦哲伦地区的居民有5170人,其中外国移民为1858人,大多来自英国、奥匈、法国、西班牙、意大利和德国。① 19世纪90年代,德国移民在乌尔蒂马·埃斯佩兰萨地区发展牧羊业,修建了旅馆和码头,开辟了通往首府蓬塔阿雷纳斯和阿根廷加列戈斯的公路,还和德国横渡大西洋航线的轮船建立了联系。20世纪前30年,麦哲伦地区年均拥有200万头羊,1905年蓬塔阿雷纳斯的冷藏库将7.5万头羊的生肉运往史密斯菲尔德,1929年的肉类出口量达到了2万吨,是1905年的10倍。②交通不便的巴塔哥尼亚高原相对滞后,但艾森实业公司在一些河谷地带开辟了大片牧场,引进和繁殖绵羊。英国的威廉森·鲍尔弗公司于1903年成立了复活节岛开发公司,在这个岛上经营牧羊业。③由于边疆地区的牧羊业蓬勃发展,智利的羊毛产量大幅增加。1910—1912年,智利的年均羊毛产量不足7万公担,1913—1917的年均产量达到12万多公担,1918—1922年的年均产量增长到15万多公担,1923—1932年维持在年均13万多公担。④

---

① See La Oficina Central de Estadística, *Censo Jeneral de la República de Chile:levantado el 28 de noviembre de 1895*,Tomo Ⅳ,Santiago de Chile:Imprenta Universitaria,1904,pp.20-23.

② 参见[英]哈罗德·布莱克莫尔、克利福德·T.史密斯编:《拉丁美洲地理透视》,复旦大学历史拉美研究室、上海师范大学地理等译,上海译文出版社,1980年,第474~476页。

③ See William Edmundson,*A History of the British Presence in Chile*,New York:Palgvave Maemillan,2009,p.142.

④ See Marto Ballesteros,*Desarrollo Agrícola Chileno*,1910-1955,Cuadernos de Economia,Vol.2,No.5(1965),p.12.

小 结

智利的土地所有制结构在早期现代化时期进行了调整。从 19 世纪 80 年代开始，人口和经济压力推动中央谷地大地产的分割，表现为分割继承和分割出售两种形式，其结果是 5000 公顷以上的特大庄园比重减少，1000~5000 公顷的一般大庄园数量增加。这种变化在一定程度上促进了农业的专业化生产，但并未从根本上改变传统的土地制度。200~1000 公顷的中小庄园和 51~200 公顷的小地产实现了集约化生产，成为重要的商品农业生产单位。50 公顷以下的小农大多因地产分割而陷于贫困，不足 5 公顷的微型地产数量持续增加。南方的农业拓殖与土地兼并交织在一起，有权势的地产主或公司侵吞印第安人和拓殖小农的土地，建立了许多大庄园或大牧场。

智利乡村的传统劳动制度与社会关系开始松动。农业雇佣劳动力的比重增加，并且成为中小庄园劳动力的主体。乡村劳动力的流动性增强，加之外来思潮的影响，劳役佃农对大庄园的依附关系开始松弛。大庄园主将日常生活、经济活动和政治活动的重心转移到城市，其在外地主特征日趋明显，大庄园也盛行委托管理或出租的经营方式，在一定程度上削弱了土地寡头与依附农民的庇护–扈从关系。

基于国内市场的商品农业增长较快，在生产率、产品结构和区域格局等方面呈现出现代化气息。由于国际粮食市场竞争激烈，加之资源禀赋和农业制度的缺陷，智利小麦出口贸易在 19 世纪晚期陷入衰退，但硝石出口繁荣、城市化和工业化推动了内向型农业的发展。该时期智利农牧业的产量和产值大幅增长，产品结构趋于多元，单位产量、生产率和机械化水平都有所提高。中央谷地的大庄园调整产品结构，增加了葡萄酒和牛奶等产品的生产，全国农业重心因阿劳卡尼亚的拓殖而南移，麦哲伦和巴塔哥尼亚等边疆地区的畜牧业发展较快。

第四章　早期城市化与新兴社会阶层

经济发展推动了社会结构变迁，智利传统的乡村社会逐渐转型为现代城市社会，中产阶级和工人阶级两大新兴社会阶层崛起。

第一节　早期城市化进程

硝石出口繁荣与工商业发展推进了智利的早期城市化进程，奠定了以圣地亚哥–瓦尔帕莱索、康塞普西翁–边境区为核心的现代城市地理格局。

一、早期城市化的特点

早期城市化改变了智利的城乡人口结构，城市数量大幅增加，首都圣地亚哥巩固了首要城市的地位，城市的基础设施日趋完善。

城乡人口结构改变。在早期现代化启动前的 1875 年，智利社会的主要特征是乡村社会，乡村人口接近 154 万人，占全国 208 万人口的 74%。也就是说,当时每 4 个智利人中就有 3 个居住在乡村。早期城市化改变了人口结构,城市人口的数量和比重大幅提高。1895 年,城市人口达到 92 万多人,较 1875 年增长了近 71%,在总人口中的比重由 26% 提高至 34.19%。1920 年,城市人口接近 160 万人,较 1895 年增长了 73%,较 1875 年增加了近 2 倍,在总人口中的比重提高至 42.83%。早期现代化结束时(1930 年),城市人口已经接近乡村人口数,达到了 207 万人,占全国人口总数的 48.24%。1875—1930 年,智利城市人口增加了 2.8 倍多,年均增长率约为 2.5%。与之相比,乡村人口的数量增长缓慢,其在总人口中的比重持续下降。1895 年的乡村人口数较 1885 有所减少。1907 年,乡村人口超过 200 万人,到 1930 年时接近222 万人,23 年间才增加了 21 万多人,年均增长不足万人。1875—1930 年,智利乡村人口增长了 44.5%,年均增长率仅为 0.67%,其在全国人口中的比重也由早期现代启动前的 74% 降至 51.76%。因此,经过城乡人口的此消彼长,智利在早期现代化结束时已经初步进入了城市化时代,城乡人口大体持平。

表 4-1 1875—1930 年智利的人口结构

年份	乡村人口	城市人口	总人口
1875 年	1536193	539778	2075971
1885 年	1790380	716625	2507005
1895 年	1774093	921532	2695625
1907 年	2008724	1222298	3231022
1920 年	2132452	1597783	3730235
1930 年	2219253	2068192	4287445

注:城市人口指 2000 人以上的城市和城镇居民。

资料来源:Carlos Hurtado Ruiz-Tagle, *Concentración de población y desarrollo económico:el caso Chileno*,Santiago de Chile:Universidad de Chile,1966,p.146.

城市数量大幅增加。智利的居民点主要有四类:分别为城市(Cidudad,5000 人以上)、城镇(Pueblo,1000~5000 人)、村庄(Aldea,200~1000 人)、村落(Caserío,200 人以下),还包括庄园(Fundo)、阿劳坎人保留地(Rduccción Araucano)、硝石矿场(Salitrera)、矿场(Mineral),等等。1875 年,智利仅有 2 座

2万人以上的中心城市，分别为首都圣地亚哥和对外贸易枢纽瓦尔帕莱索。
1885年，塔尔卡、奇廉和康塞普西翁加入到2万人口的中心城市行列，1895
年增加了大北地区的伊基克，1907年增加了安托法加斯塔和比尼亚德尔马，
1920年新增了塔尔卡瓦诺、特木科、瓦尔迪维亚和蓬塔阿雷纳斯4座南方城
市，1930年拉塞雷纳、兰卡瓜和洛塔的城市人口数也超过了2万人。也就是
说，1875—1930年，智利2万人以上的中心城市由2座增加到15座，增加了
6.5倍。这15座城市自北向南的区域分布依次是：大北地区2座，小北地区1
座，中央谷地6座，康塞普西翁和边境区4座，湖区1座，海峡区1座。同时
期，智利5000至2万人口之间的城市由19座增加到39座，翻了一番多，
1000至5000人口的城镇由92座增加到162座，增长了76%。[①] 1930年，智
利拥有53座城市，包括5万人口以上的特大城市4座，2万至5万人口的大
城市10座，1万至2万人口的中等城市18座，5000至1万人口的小城市21
座。这些城市的人口数约占全国总人口的42%，仅圣地亚哥、瓦尔帕莱索、康
塞普西翁和安托法加斯塔4座特大城市就居住着全国23.8%的人口。

表4-2　1930年智利城市人口的结构

城市规模	城市数量	人口数量	占总人口的比重
50001人以上	4	1020616	23.80%
20001~50000人	10	350793	8.18%
10001~20000人	18	261502	6.10%
5001~10000人	21	152046	3.55%
总数	53	1784957	41.63%

资料来源：Dirección General de Estadística，*Resultados del X Censo de la Población：e-fectuado el 27 de noviembre de 1930 y estadísticas comparativas con Censos anteriores*，Volumen Ⅰ，Santiago de Chile：Imprenta Universo，1931，p.50.

---

① See Dirección General de Estadística，*Censo de población de la República de Chile：levantado el 15 de diciembre de 1920*，Santiago de Chile：Sociedad Imprenta y Litografía Universo，1925，p.104. Dirección General de Estadística，*Resultados del X Censo de la Población：efectuado el 27 de noviembre de 1930 y estadísticas comparativas con Censos anteriores*，Volumen Ⅰ，Santiago de Chile：Imprenta Universo，1935，p.50.

首都圣地亚哥巩固了首要城市的地位。首都圣地亚哥在早期现代化启动前就已经是全国最大的城市,1875 年的人口数超过了 15 万人,约占当年全国城市人口的 27.9%和总人口的 7.2%。早期现代化启动后,首都的人口数量快速增长。1895 年,圣地亚哥的人口达到 25.6 万多人,较 1875 年增长了 70.5%,20 年期间的年均增长率为 2.7%。1907 年以后的人口增长速度加快,1930 年,首都的人口数量接近了 70 万,较 1907 年增长了 1 倍多,23 年期间的年均增长率接近 3.3%,较 1875—1895 年提高了 0.6 个百分点。1930 年,圣地亚哥的人口约占全国城市人口总数的 33.7%,占全国人口总数的 16.2%,是第二大城市瓦尔帕莱索的 3.6 倍,是第三大城市康塞普西翁 9 倍,进一步巩固了首要城市的地位。

表 4-3 1875—1930 年圣地亚哥的人口规模

年份	人口数量
1875 年	150367
1885 年	189332
1895 年	256403
1907 年	332724
1920 年	507296
1930 年	696231

资料来源:Dirección General de Estadística, *Resultados del X Censo de la Población:efectuado el 27 de noviembre de 1930 y estadísticas comparativas con Censos anteriores*, Volumen I, Santiago de Chile:Imprenta Universo, 1931, p.46.

城市的基础设施日趋完善。随着人口增长和物质进步,智利的城市基础设施日趋完善,中心城市开始呈现出现代都市的面貌。

一是电力照明取代了传统照明方式。19 世纪后期,智利的大城市安装了煤气灯,但蜡烛和油灯照明还继续存在。电力技术于 1883 年传入智利,圣地亚哥和瓦尔帕莱索最早建立了发电站,用电灯取代煤气灯。1921 年成立的智利电力公司扩大了电力生产,并延长高压输电线路,主要向圣地亚哥和瓦尔帕莱索两座中心城市供电。1930 年,智利全国的电力装机容量达到了 30.2

万千瓦,其中火电 18.17 万千瓦,水电 12.03 万千瓦。[1]随着电力的广泛使用,蜡烛和油灯照明逐渐成为历史。照明方式的变革繁荣了城市的夜间娱乐生活,酒吧、舞厅和夜总会在智利大城市中出现。

二是交通工具发生了革命性变化。19 世纪中后期,智利城市的主要交通工具是马车和马拉轨道车,技术落后且费用较高。1897 年,智利电车和照明公司成立,开始用电力取代畜力牵引的轨道车,这家公司在最初 3 年内购置了 245 辆电车,运营线路达 97 千米,其电车拥有量在 1915 年增长到 550辆。1910 年,圣地亚哥的 26 条有轨电车线路覆盖了整个城区,1915 年圣地亚哥的有轨电车客运量超过了 1 亿人次,1917 年达到 1.3 亿人次,1920 年增长到1.55 亿人次。[2]小汽车也开始普及,取代了传统的马车。1915—1920 年,智利全国的机动车数量由 1322 辆增长到 8263 辆,1925 年增至 11751 辆,1927年达到 19093 辆。圣地亚哥的机动车最多,在 1927 年达到了 6893 辆。[3]

三是城市的现代建筑不断增多。1921 年,建筑师阿尔韦托·克鲁斯·蒙特设计的 10 层大楼——阿里斯蒂亚大厦竣工,共耗资 350 万比索,拥有电梯和集中采暖设备,是圣地亚哥的首座摩天大楼,并带动了其他高楼的建设,其所在的繁华地段被命名为"纽约街"。[4]此外,历届智利政府还进行了大规模的公共工程建设,完善了城市的饮水、下水道、街道和广场等设施,还投资文化教育和医疗卫生设施,使城市更加具有现代气息。

① See Corporatión de Fomento de la Producción(CORFO), *Geografia economica de Chile*, Santiago de Chile, 1965, p.511.

② See Tomás Errázuriz, El asalto de los motorizados: El transporte moderno y la crisis del tránsito público en Santiago, 1900–1927, *Historia(Santiago)*, Vol.43, No.2(2010), pp.360–369.

③ Ibid., p.374, p.377.

④ See Stefan Rinke, *Cultura de masas, reforma y nacionalismo en Chile, 1910–1931*, Santiago de Chile: Dirección de Bibliotecas, Archivos y Museos, 2002, pp.34–36.

二、城市的地理格局

在早期现代化时期,智利的城市地理格局大体与区域经济格局相重合,形成了北部的矿业城市带、中部的工商业城市带、南部的农牧产品加工业城市带三大城市区域。

大北地区因硝石产业繁荣而崛起, 出现了从事矿产品加工和出口的中心城市。大北地区包括塔拉帕卡和安托法加斯塔两个省,于太平洋战争后并入智利,并兴起了一批矿业城市和城镇。[①]该地区处于阿塔卡马沙漠地区,除了安第斯山麓的印第安人村社外,当地没有大的农业居民点,城市人口的比重较高。来自智利中南部地区的移民建立了许多矿业城市和城镇。伊基克和安托法加斯塔是硝石的加工中心和出口集散地,也是沿岸贸易的中心港口,前者还是重要的渔港。伊基克的人口数在 1895 年超过了 3.3 万人,于 1930 年增长到 4.6 万多人。安托法加斯塔的人口数在 1885 年仅有 7000 多人,在 1907 年增至 3.2 万多人,在 1930 年超过了 5.3 万人。最北端的阿里卡港是玻利维亚和秘鲁南部进出口货物的转运港,于 1912 年建成了通往玻利维亚首都拉巴斯的铁路, 强化了其战略地位, 其人口数在 1930 年达到了 1.3 万多人。丘基卡马塔大型铜矿于 1915 年开始投产,使当地形成了一座 1 万多人的同名城市,附近的托科皮亚港也因此获益,其人口数在 1930 年超过了 1.5 万人。此外,大北地区还有许多 2000 人以上、1 万人以下的城市和城镇,沿海港口塔尔塔尔, 矿区腹地的玛丽亚–埃伦娜和佩德罗–德瓦尔迪维亚的人口

---

① 当时还设有塔克纳省,包括塔克纳和阿里卡两个次级行政区,前者于 1929 年归还秘鲁,后者划归塔拉帕卡省。

数在 1930 年都接近了万人。①

20 世纪初，小北地区进行了铁矿和铜矿开发，传统的矿业城市获得复兴。小北地区包括阿塔卡马和科金博两个省，区内有科皮亚波、瓦斯科、埃尔基和乔亚帕等河流，存在一定规模的灌溉农业，但主要经济部门是矿业。小北地区在殖民地时期就进行铜的开采和出口，在 19 世纪中期进入了银、铜出口的繁荣期，于 1851 年修建了全国的首条铁路。1873 年之后，由于富矿开采殆尽，当地人口向大北新兴矿区迁移，科皮亚波、拉塞雷纳和科金博等中心城市的人口都有所减少，一些矿业城镇则被荒弃。20 世纪初，美国公司投资小北地区的矿业，伯利恒公司于 1913 年购买了埃尔托福铁矿，安那康达公司开发的波特雷里略铜矿于 1926 年投产，使当地的经济出现复兴，也带动了城市人口的增长。拉塞雷纳的人口数在 1930 年超过了 2 万人，同年科金博的人口数达到了 1.7 万多人，科皮亚波和奥瓦耶的人口数也超过了 1 万人，矿业城镇波特雷里略的居民数则达到了 8000 多人，巴耶纳尔人口为7000 余人。但总体而言，小北地区仍没有恢复 19 世纪中期的繁荣。②

中央谷地是智利早期工业化的中心，又是传统的政治和文化中心，集中了全国大部分人口和城市。中央谷地包括阿空加瓜、瓦尔帕莱索、圣地亚哥、奥伊金斯、科尔查瓜、库里科、塔尔卡、毛莱、利纳雷斯和纽夫莱 10 个省，是智利的核心疆域。中央谷地是智利早期工业化的发源地，聚集了全国大多数工厂和工人，仅圣地亚哥和阿空加瓜两省的工业经济活动人口就占全国的一半以上。这里是智利铁路运输的枢纽和电报通信中心，汇集了全国绝大多数商行和银行，城市公用部门和服务业也很发达，由此吸纳了全国 2/3 的城

---

① See Dirección General de Estadística, *Resultados del X Censo de la Población：efectuado el 27 de noviembre de 1930 y estadísticas comparativas con Censos anteriores*，Volumen Ⅰ，Santiago de Chile：Imprenta Universo，1935，p.46，pp.63-70.

② Ibid.，pp.71-92.

市人口。圣地亚哥是全国的经济、政治和文化中心,其市区面积在 1895 年之后以年均 50 公顷的速度扩张,在 1915 年达到 3000 多公顷,较 1872 年扩大了 1 倍。①其人口数在 1930 年接近了 70 万,占全国城市人口总数的 33.7%。第二大城市瓦尔帕莱索是全国的金融中心和对外贸易枢纽,其人口数在 1930 年超过了 19 万人。毗邻瓦尔帕莱索的比尼亚德尔马建有全国最大的糖厂,也是著名的旅游胜地,建有智利总统度假的官邸和陆海军居住区,其人口数在 1930 年接近了 5 万人。塔尔卡、奇廉、兰卡瓜是省首府和区域经济中心,食品加工业发达,其居民数量在 1930 年分别达到 4.5 万、3.9 万和 2.3 万。其他的经济和行政中心,如库里科、利纳雷斯、基约塔、圣贝尔纳多、圣费尔南多、洛斯安第斯、考克内斯和圣费利佩的规模在 1930 年处于 1.1 万~1.9 万人之间。此外,中央谷地的城镇也很多,2000 人以上、1 万人以下的城镇在 1930 年达到了 39 个。②

在工矿业和农业增长的带动下,康塞普西翁和边境区形成了智利的第二大城市带。康塞普西翁和边境区包括康塞普西翁、比奥比奥、阿劳科、马耶科和考廷 5 个省,是智利中南部的工农业中心。康塞普西翁是传统的制造业重镇,在早期现代化启动前就建立了面粉业和纺织业,还开发了附近沿海的煤田,并利用与煤伴生的黏土生产陶制品和耐火砖。19 世纪晚期之后,康塞普西翁和边境区步入工业化进程。传统的纺织业和面粉业发展壮大,拥有两家全国最大的毛纺企业——贝拉维斯塔毛纺厂和托梅毛纺公司,面粉业的生产规模因小麦主产区南移而扩大。当地的林业资源丰富,还在沿海的山地种植了松树,为造纸业提供了原料。煤炭工业增长较快,1911 年共有 20 家煤

---

① See Armando de Ramón, *Santiago de Chile* (*1541-1991*): *historia de una sociedad urbana*, Santiago de Chile: Editorial Sudamericana, 2000, pp.184-185.

② See Dirección General de Estadística, *Resultados del X Censo de la Población*: *efectuado el 27 de noviembre de 1930 y estadísticas comparativas con Censos anteriores*, Volumen Ⅰ, Santiago de Chile: Imprenta Universo, 1935, p.46, pp.93-180.

炭企业和 9000 名工人,1925 年拥有 13 座煤矿和 1.4 万工人。[1]洛塔煤矿的规模最大,其矿工和雇员的数量在 1922 年超过了 8000 人,当年的煤炭产量达到了 53 万多吨。[2]工业化与农业拓殖推动了城市化进程。康塞普西翁是工商业和政治中心,其人口数由 1875 年的 1.8 万增长到 1930 年的 7.8 万,成为全国第三大城市。特木科地处阿劳卡尼亚腹地,在农业拓殖时期兴起,成为考廷省的经济和政治中心,其人口数由 1885 年的 3000 多人增长到 1920 年的 2.8 万余人,1930 年接近 3.6 万人。塔尔卡瓦诺是智利中南部最重要的贸易和军事港口,紧邻比奥比奥流域的经济腹地,其人口数在 1930 年增长到 2.8 万人。作为煤炭工业中心,洛塔的人口数在 1930 年达到了 2.5 万,同一年其北侧的科罗内尔拥有 9000 居民。比奥比奥河北岸的洛斯安赫莱斯地处交通要道,在 1930 年拥有 1.7 万多居民。沿海的托梅是纺织业重镇,毗邻的彭科是糖和陶器生产基地,20 世纪初的居民数均为 5000 多人。内陆的维多利亚、安戈尔、特赖根、穆尔琴和新皇帝镇在农业拓殖中崛起,成为农产品加工和地方行政的中心,1930 年的人口规模在 6000~9000 人之间。[3]

边疆开发促进了南方农牧业的发展,从事农牧产品加工和出口的城市兴起。南部地区包括瓦尔迪维亚省、延基韦省和奇洛埃省,以及当时尚未设省的麦哲伦地区和艾森地区。由瓦尔迪维亚和延基韦两省构成的湖区在 19 世纪中期就进行了拓殖,而其余地区则晚至 19 世纪末才得到有效开发。德国移民在湖区发展农业和畜牧业,并建立了以农产品加工业为主的制造业部门。瓦尔迪维亚是智利啤酒业和制革业的发祥地,历史悠久的安旺特啤酒

[1] See Fernando Campos Harriet, *Historia de Concepción: 1550–1970*, Santiago de Chile: Editorial Universitaria, 1979, p.258.

[2] See Octavio Astorquiza, Oscar Galleguillos V., *Cien años del carbón de Lota, 1852–septiembre–1952*, Santiago de chile: Compñía Carboníferae Industrial de Lota, 1952, p.206.

[3] See Dirección General de Estadística, *Resultados del X Censo de la Población: efectuado el 27 de noviembre de 1930 y estadísticas comparativas con Censos anteriores*, Volumen I, Santiago de Chile: Imprenta Universo, 1935, p.46, pp.180–267.

厂就建立于此。1907 年,延基韦省共有农产品加工企业 109 家,包括皮革及其制品企业 47 家,食品企业 20 家,酒精和饮料企业 18 家,木材企业 13 家,家具企业 11 家,占全省工厂总数的 69%。[1]湖区的皮革在 19 世纪末和 20 世纪初远销德国,啤酒、黄油、皮鞋等产品则供应智利中北部地区。瓦尔迪维亚和奥索尔诺是湖区的经济中心,前者的人口数在 1930 年超过了 3.4 万人,同年后者的居民数超过了 1.6 万人。蒙特港是智利铁路线的南部终点和重要的贸易港口,其人口数在 1930 年达到了 1.6 万余人。湖区的重要城镇有拉乌尼翁、里奥布埃诺和巴拉斯港,1930 年的居民数在 3000~6000 人之间。奇洛埃岛的自然条件恶劣,经济发展滞后,只有安库德和卡斯特罗两座大的城镇,其人口数在 1930 年均为 3000 余人。麦哲伦地区和艾森地区的自然条件同样不适宜大规模移民,但前者利用区位优势和草场资源发展了畜牧业,其绵羊数量由 1883 年的 3 万多只增长到 1928 年的 250 万只,牛和马的数量在 1931 年分别达到了 1.8 万余头和 1.6 万余匹。[2]蓬塔雷纳斯是羊肉加工和出口中心,又是海运枢纽,其居民数量由 1885 年的 800 多人增长至 1930 年的 2.4 万余人,乌尔蒂马·埃斯佩兰萨地区的纳塔莱斯港是重要城镇,其人口数在 1930 年达到了 4000 余人。艾森地区也发展了牧羊业,但该地区的居民总数不足万人,城市人口集中在首府艾森港,在 1930 年为 2000 余人。[3]

---

[1] See Gabriel Peralta Vidal, *Historia económica y urbana de Osorno*, Osorno:lmpresur Ediciones, 1991,p.220.

[2] See Julio Calderón Agez, Historia de la industria ganadera en el territorio de Magallanes, *Boletin del Ministerio de AgGcultura*, No.10,1936,p.6,p.13.

[3] See Dirección General de Estadística, *Resultados del X Censo de la Población:efectuado el 27 de noviembre de 1930 y estadísticas comparativas con Censos anteriores*, Volumen I ,Santiago de Chile: Imprenta Universo,1935,p.46,pp.48–49,pp.267–298.

第二节　中产阶级的壮大

　　随着经济发展与政府机构扩大,智利的中产阶级逐渐壮大,并成为一支兼具保守性与进步性的政治力量。

一、中产阶级的数量与结构

　　"中产阶级"是一个争议较大的概念,通常指在经济、政治和社会文化方面居于中间水平的社会阶层。在早期现代化时期,智利的中产阶级主要包括小企业家、中小庄园主、具有专业技能的企业或政府雇员、自由职业者,等等。

　　经济增长促进了中小生产单位的发展, 小企业家和中小庄园主的数量增多。小企业家和中小庄园主在智利经济体系中处于中间地位,其资产拥有量不及大企业和大庄园,但掌握一定的生产资料,并雇佣少量劳动力。1928年,智利进行了首次工业普查,全国共有 8467 家工厂,其中雇佣 5 人以下的小企业为 6093 家,占总数的 72%。①这些小企业带有手工业作坊的特征,技术相对滞后,生产规模较小,依靠当地市场维持生存。商业部门的小企业家数目不详, 但商人总数在 19 世纪晚期为 4 万余人,1907 年增长至 7.8 万多人,1920 年超过了 10 万人,1930 年商业雇主数为 7.3 万余人。②除了少数大商人,大部分商人属于中小零售商,可以纳入中产阶级范畴,但底层的小商

---

　　①　See Corporatión de Fomento de la Producción(CORFO), *Geografia economica de Chile*, Santiago de Chile,1965,p.511.

　　②　参见 1885、1895、1907、1920 和 1930 年智利全国人口普查的职业信息。

贩不在此列。农业部门也存在许多中小生产者。1923 年,智利中部共有中小庄园(200~1000 公顷)2686 家,51~200 公顷小地产的数量为 4536 家,水浇地比重大的小地产也可列入小庄园行列。[①] 1930 年,南方地区(康塞普西翁至奇洛埃)的土地所有者、农业租赁者和工头的总数为 81441 人。[②]大庄园制在南方不占主导地位,当地的中小庄园主数目要多于中央谷地。小农虽然也有小块地产(50 公顷以下),但绝大多数收入微薄,并且兼做大庄园的雇工,因此不在中产阶级范畴内。

经济发展导致分工细化,具有专业技能的中产阶级职业者不断增多。这个群体包括受雇于企业的白领雇员和自由职业者。他们基本不掌握生产资料,但拥有专业知识和技术,并获得较高的报酬。1930 年,智利的矿业、工业和交通运输业三个经济部门的白领雇员数量分别为 7559 人、19135 人和 14507 人,银行、证券和保险业的白领雇员数为 7516 人,总数达到 48717 人。[③]自由职业者包括律师、工程师、科学家、医生、作家和记者等,其数量也随着经济社会的发展而不断增多。1885—1907 年,智利的律师数量由 941 人增加到 1947 人,工程师由 689 人增加到 2148 人,医生(含牙医)的数量由 743 人增加到 1464 人,记者由 135 人增加到 374 人,其他自由职业者的数量也有不同程度的增长。[④] 1920 年,智利各类自由职业者的数量为 21256 人,占全部经济活动人口的 1.7%。1930 年,智利的自由职业者达到 27465 人,在经济

---

① See Arnold J. Bauer, *La sociedad rural chilena: desde la conquista española a nuestros días*, Santiago de Chile: Editorial Andres Bello, 1994, p.223.

② See Dirección General de Estadística, *Resultados del X Censo de la Población: efectuado el 27 de noviembre de 1930 y estadísticas comparativas con Censos anteriores*, Volumen Ⅲ, Santiago de Chile: Imprenta Universo, 1935, p.ⅩⅩ.

③ Ibid., p.Ⅵ, pp.13–14.

④ See La Oficina Central de Estadística, *Sesto Censo Jeneral de la Población de Chile: levantado el 26 de noviembre de 1885*, Tomo Ⅱ, pp.454–455. Comisión Central del Censo, *Memoria presentada al Supremo Gobierno por la Comisión Central del Censo*, pp.1299–1300.

活动人口中的比重提高至 2.2%。[1]工商业中产阶级在地域上比较集中,约有 2/3 分布在圣地亚哥和阿空加瓜,这两省的自由职业者也占全国的一半以上。

　　随着政府职能的完善,尤其是教育现代化和军事现代化的推进,智利的政府雇员数量不断增加。在早期现代化刚刚启动时,智利的政府雇员数量仅为 3000 余人。随着经济社会的发展,政府的职能也不断增多,增设了工业与公共工程部、社会福利部和发展部,并扩大了已有部门的规模。内政部的雇员在 1880 年不足 600 人,但在 1930 年接近 2.4 万人,主要源于警察数量的增加。司法、宗教与教育部的规模因公共教育事业的发展而扩大,其雇员数量由 1880 年的 867 人增加至 1930 年的 1.4 万多人。全国的教师数量在 1885 年仅为 2845 人,1907 年增长到 6947 人,1920 年达到了 12426 人。[2]太平洋战争之后, 智利政府推进军事现代化, 常备军的数量维持在 2 万人左右, 陆海军部的雇员数也由 1880 年的 640 人增加至 1930 年的 4802 人。1880—1930 年,智利政府的雇员总数由 3048 人增长到 47193 人,扩大了 14.5 倍,约有一半以上集中在圣地亚哥和阿空加瓜两省。1930 年,政府行政雇员在智利经济活动人口中的比重达到了 4%,现役军人的比重约为 1.7%。[3]除了高级职位被上层权贵垄断外,大部分政府雇员均出身于中产阶级。政府机构的扩大有利于完善国家的管理职能,但也增加了财政支出。在早期现代化时

　　① See Dirección General de Estadística, *Resultados del* X *Censo de la Población: efectuado el 27 de noviembre de 1930 y estadísticas comparativas con Censos anteriores*, Volumen Ⅲ, Santiago de Chile: Imprenta Universo, 1935, p.Ⅷ.

　　② See La Oficina Central de Estadística, *Sesto Censo Jeneral de la Población de Chile: levantado el 26 de noviembre de 1885*, Tomo Ⅱ, p.455. Comisión Central del Censo, *Memoria presentada al Supremo Gobierno por la Comisión Central del Censo*, p.1300. Dirección General de Estadística, *Censo de población de la República de Chile: levantado el 15 de diciembre de 1920*, Santiago de Chile: Sociedad Imprenta y Litografía Universo, 1925, p.407.

　　③ See Dirección General de Estadística, *Resultados del* X *Censo de la Población: efectuado el 27 de noviembre de 1930 y estadísticas comparativas con Censos anteriores*, Volumen Ⅲ, Santiago de Chile: Imprenta Universo, 1935, p.Ⅷ.

期,行政和军事两项开支通常占智利政府财政支出的 2/5 以上。

表 4-4 1860—1930 年智利政府机构规模的变化

部门	1860 年	1880 年	1900年	1919年	1930年
总统	5	6	5	8	37
国会	117	191	170	259	340
外交部	17	47	784	813	263
内政部	240	568	1935	13828	23467
财政部	579	729	1564	2841	2484
司法、宗教与教育部	1012	867	5948	4345	14348
陆海军部	555	640	2471	4067	4802
工业与公共工程部	—	—	242	1308	—
发展部	—	—	—	—	475
社会福利部	—	—	—	—	977
总数	2525	3048	13119	27469	47193

资料来源:Carmen Cariola Sutter y Osvaldo Sunkel, *La historia económica de Chile*, *1830-1930:dos ensayos y una bibliografia*, Madrid:Edicions Cultura Hispánica del Intituto de Cooperación Iberoamericana, 1982, p.141.

二、中产阶级的组织和政党

新兴的中产阶级建立了维护自身利益的职业协会,通过与土地寡头自由派的合作实现了激进党的"中产阶级化",其政治意识形态兼具保守性与进步性。

中产阶级群体建立了各种职业协会组织,以维护自身的经济利益。20 世纪初,具有专业知识和技能的智利白领雇员不断增多,为建立职业协会创造了条件,同时他们也面临着日益严峻的通货膨胀压力,迫切需要依靠集体组织来维护自身的经济权益。律师、医生、牙医、药剂师、会计师和建筑师都成立了各自的职业协会。1888 年创建的智利工程师协会也不断吸收中产阶级参加,并积极参与政治活动,1915 年有 5 位工程师当选为参议员、8 位为众议员，米格尔·莱特列尔（Miguel Letelier）和弗朗西斯科·马尔多内斯（Francisco Mardones）两位工程师领军人物从 1921 至 1924 年担任了内阁部长，推行技术专家治国的理念。①安托法加斯塔和瓦尔帕莱索的白领雇员依托互助会组织，组建了白领雇员联盟。为了推动政府建立社会保障制度，各地的白领雇员互助会于 1924 年年底在瓦尔帕莱索召开大会，建立了智利白领雇员联盟（la Unión de Empleados de Chile）。②政府雇员也面临着物价上涨和政府削减薪金所导致的生活压力，并因此建立了维权组织。小学教师是教育界最大的职业群体，他们于 1915 年组建了小学教师协会，并在 1918 年进行了旨在争取经济权益的大罢工。1922 年，智利教师总会成立，积极推动政府改善教师待遇并进行教育改革。此外，中产阶级也加入历史悠久的共济会，还通过城镇民众的消防组织进行社会动员。

中产阶级与寡头集团自由派合作，推动了激进党的中产阶级化。智利的中产阶级与上层权贵保持着密切联系，并未形成与传统寡头完全对立的阶级意识，许多中产阶级人士模仿社会上层的价值观，或者通过努力跻身上层社会。③他们并未建立独立的政党，而是借助寡头集团中最进步的激进党参与国家事务。成立于 1863 年的激进党脱胎于自由党，最初的支持者是外省的新贵和自由党的激进派，将反对教权作为自己的主要政治主张。自 1888 年召开首次全国代表大会之后，激进党提出了发展国民教育、改善公共卫生和关注社会问题等主张，响应了新兴中产阶级的利益诉求。20 世纪初，随着中产阶级的不断加入和支持，激进党开始由传统的寡头政党转型为中间政党，其在国家政治生活中的地位也因此得到提高。该党在 1900 年拥有 14 个

---

① 参见[美]约翰·L.雷克特：《智利史》，郝名玮译，中国社科全书出版社，2009 年，第 111~114 页。

② See Jorge Barría S., *El movimiento obrero en Chile*, Santiago de Chile: Universidad Técnica del Estado, 1971, pp.53–54.

③ See Fredrick B. Pike, Aspects of Class Relations in Chile, 1850–1960, *The Hispanic American Historical Review*, Vol.43, No.1 (Feb., 1963), pp. 14–33.

众议员席位,在1915年提高到了26席,1921年增加至41席,超过了自由党和保守党两大传统寡头政党。[①]这种转型标志着智利传统政治格局的松动,推动了改良主义的传播与实践。但是代表中产阶级的激进党并未与寡头集团决裂,其纲领中并不涉及经济制度变革问题,而且反对激进的工人运动。

第三节　工人阶级的崛起

智利的工人阶级在早期现代化进程中崛起,主要包括制造业工人、矿业工人和交通运输业工人,是智利左翼政治力量的基础。

一、工人阶级的数量与结构

早期现代化推动了智利工矿业的发展,并建立了现代交通运输体系,现代工人阶级由此兴起,但传统的手工业者仍然大量存在。

智利的制造业工人相对分散,且与传统的手工业者并存,但在地域上集中于圣地亚哥和瓦尔帕莱索。智利官方统计所指的"工业"部门很宽泛,囊括了现代制造业、传统手工业、建筑业、个别服务业和城市公用事业等诸多经济部门。1920年的全国人口普查记载,当年智利的工业经济活动人口为32.6万余人,但其中建筑工人和洗衣工的数量就不下10万人,还包括许多手工业者,仅裁缝的数量就接近了8万人。[②]在1930年的全国人口普查中,工业

---

①　See Julio Heise González, *Historia de Chile: el período parlamentario, 1861–1925*, Santiago de Chile: Editorial Andrés Bello, 1982, p.329.

②　See Dirección General de Estadística, *Censo de población de la República de Chile: levantado el 15 de diciembre de 1920*, Santiago de Chile: Sociedad Imprenta y litografía Universo, 1925, pp.405–406.

经济活动人口达到 296201 人，占全部经济活动人口的 23.8%，其中工人的数
量为 184349 人。如果不将建筑工人、洗衣工和公用事业工人算在内，制造业
工人的数量为 123585 人，但这个数字将手工业者涵盖在内。当时的制造业
共有 78 个行业，工人数超过千人的有 27 个。4 个规模最大的行业依次为缝
纫和制衣、制鞋、木材加工、面包和糕点业，其工人数合计达到 52462 人，约
占制造业部门的 42.5%，占 27 个千人以上行业工人数量的 46.7%。这 4 个行
业带有明显的手工业特征，缝纫和制衣业的雇主数是工人数的 2 倍，表明该
行业的大多数人为独立经营的裁缝。木材加工业的雇主平均雇佣的工人不
足 3 人，制鞋业不足 2 人，面包和糕点业不足 5 人，均存在大量小手工业者。
现代工厂与传统作坊并存，导致很难得出现代制造业的确切工人数，但最多
不会超过 10 万人，而且许多分散于小企业中。但是智利的制造业工人在地
域上比较集中，有 56.4%分布在圣地亚哥省和阿空加瓜省，其他较为集中的
区域是康塞普西翁省、考廷省和瓦尔迪维亚省。制造业工人中的女工比重约
为 24%，主要集中在缝纫和制衣业。[①]

表 4-5　1930 年智利制造业中规模较大的行业（千人以上）

行业	雇主数	白领雇员数	工人数	总数
石灰和水泥	41	106	1269	1416
黏土砖和瓦	143	46	1200	1389
陶制品	257	109	1016	1382
玻璃	63	138	1258	1459
冶铁	180	236	2601	3017
锻铁	1318	7	2770	4095
白铁和管材	1169	19	2164	3352
机械	143	334	4310	4787
电工	2025	104	4600	6729

---

① See Dirección General de Estadística, *Resultados del X Censo de la Población：efectuado el 27 de noviembre de 1930 y estadísticas comparativas con Censos anteriores*, Volumen Ⅲ, Santiago de Chile：Imprenta Universo, 1935, p. Ⅵ, p. XXV, p. XXⅧ, pp.2–12.

续表

行业	雇主数	白领雇员数	工人数	总数
化工	376	806	1736	2918
毛织	133	214	1930	2277
针织	506	314	2196	3016
印刷	640	1326	5697	7663
制革	955	253	2454	3662
木材	227	131	5203	5561
木材加工	5873	788	14450	21111
面粉	312	550	2608	3470
面包和糕点	2069	1595	9875	13539
饼干	218	366	1035	1619
制糖	38	257	1045	1340
屠宰	3204	802	4366	8372
牛奶	489	200	5834	6523
啤酒和冰	152	408	2071	2631
卷烟	78	397	1122	1597
缝纫和制衣	31395	763	16018	48176
制帽	698	222	1713	2633
制鞋	8730	1323	12119	22172
合计	61432	11814	112660	185906

资料来源:Dirección General de Estadística, *Resultados del X Censo de la Población: efectuado el 27 de noviembre de 1930 y estadísticas comparativas con Censos anteriores*, Volumen III, Santiago de Chile: Imprenta Universo, 1935, pp.2–12.

矿业工人主要分布在硝石、煤炭和铜矿业部门,集中于大北地区和边境区,且男性工人占绝对多数。矿业工人在部门和区域上都比较集中,其数量在 3 万~7 万人之间。大北地区是硝石产业的中心,集中了全国大部分矿业工人。1920 年,大北地区的矿业工人数量达到 31243 人,其中安托法加斯塔省为 20205 人,塔拉帕卡省为 10789 人,塔克纳省为 249 人,其在全国矿业工人中的比重高达 55.7%。即使到了早期现代化结束前的 1930 年,大北地区的硝石矿工仍维持在 33249 人,其全部矿业经济活动人口仍占全国的 57%。[①]
煤炭业集中在康塞普西翁和阿劳科两省的沿海地区,拥有以洛塔为代表的
大型煤矿。上述两省的矿工数在 1920 年达到 12111 人,其中康塞普西翁省
为 8642 人,阿劳科省为 3469 人,绝大多数为煤矿工人。[②]铜矿业在 20 世纪
初复兴,由美国公司开发了丘基卡马塔、特尼恩特矿和波特雷里略 3 座大型
铜矿。铜矿工人在 1930 年达到了 17319 人,其中大北地区有 4664 人,小北
地区有 5096 人,中央谷地的科尔查瓜省[③]有 6110 人,剩余的 1449 人分散于
其他地区。1930 年,智利的矿业经济活动人口为 77569 人,占全国经济活动
人口总数的 6.2%,在 12 个职业门类中居于第三位,仅次于农业和工业。其中
矿业工人的数量为 68333 人,90%集中于硝石、铜矿和煤炭部门。在智利的各
个经济部门中,矿业工人的性别结构非常突出,即男性占绝对多数,其比重
在 1920 年为 99.2%,在 1930 年为 99.7%,而这两个年份的女工数加在一起
才为 674 人。[④]这种悬殊对比是由矿业劳动的性质决定的,但在矿业部门的
非经济活动人口中,女性数量超过男性,主要为矿工的家属。

交通运输业的工人集中于沿海港口和内陆大城市,以铁路和航运部门的
工人为主体。1920 年,智利交通运输业(含通信业)的经济活动人口为64636
人,铁路和航运部门占了一半以上,前者的人数为 15953 人,后者有 16938

---

① See Dirección General de Estadística, *Censo de población de la República de Chile: levantado el 15 de diciembre de 1920*, Santiago de Chile: Sociedad Imprenta y Litografía Universo, 1925, pp.411 – 427. Dirección General de Estadística, *Resultados del X Censo de la Población: efectuado el 27 de noviembre de 1930 y estadísticas comparativas con Censos anteriores*, Volumen III, Santiago de Chile: Imprenta Universo, 1935, p.XIII.

② See Dirección General de Estadística, *Censo de población de la República de Chile: levantado el 15 de diciembre de 1920*, Santiago de Chile: Sociedad Imprenta y litografia Universo, 1925, pp.515-532.

③ 1927 年,伊瓦涅斯政府调整行政区划,将特尼恩特矿所在的奥伊金斯省并入科尔查瓜省。

④ See Dirección General de Estadística, *Resultados del X Censo de la Población: efectuado el 27 de noviembre de 1930 y estadísticas comparativas con Censos anteriores*, Volumen III, Santiago de Chile: Imprenta Universo, 1935, p.VI, p.VIII, p.XXIII.

人,其他为车夫、汽车司机、有轨电车司机、道路维修者、马匹驯养者,以及电报报务员和电话接线员,等等。[①] 1930 年,智利交通运输业的经济活动人口达到了 69780 人, 被列入工人阶层的雇员为 46386 人, 其中铁路工人有19896 人,航运业的工人有 11661 人。全国大多数铁路由国家经营,国有铁路公司的工人数量在 1930 年达到了 15776 人,但私人铁路公司在硝石矿区处于主导地位。1930 年,安托法加斯塔和塔拉帕卡两省的私人铁路雇佣 3368名工人,而当地的国有铁路仅有 876 名工人。航运业工人分布在沿海的贸易港口,主要包括船员和码头工人。1930 年,大北地区的航运业和码头的工人数量为 4183 人,瓦尔帕莱索所在的阿空加瓜省为 3200 人。圣地亚哥是全国的交通枢纽,该省的交通运输业工人达到了 10144 人,占全国的 1/5 以上,具体的部门分布是:铁路工人 2673 人,有轨电车工人 1874 人,邮电、电报和电话工人 376 人,其他陆路交通部门的工人 4787 人,航空运输业 434 人。与矿业部门相似,交通运输业的工人也以男性为绝对多数,1930 年的女工数量仅为 482 人,约占当年工人总数的 1.04%。此外,由饮水、煤气和电力组成的城市公用事业部门与交通运输业的联系比较密切,其工人数量在 1930 年达到了 6837 人,其中电力工人数量最多,有 4201 人。[②]

总之,由于生产社会化的程度不同,智利不同经济部门的工人群体存在很大差异。制造业尚未实现大机器生产,没有出现大规模的现代产业工人群体,已有的制造业工人相对分散且与手工业者并存。矿业和交通运输业面向出口部门,在技术水平和生产组织方面较早地实现了现代化,其工人群体也更为集中。除了以上三个部门,智利的商业和服务业还存在数量众多的劳动

[①] See Dirección General de Estadística, *Censo de población de la República de Chile:levantado el 15 de diciembre de 1920*,Santiago de Chile:Sociedad Imprenta y litografia Universo,1925,pp.406–407.

[②] See Dirección General de Estadística, *Resultados del X Censo de la Población:efectuado el 27 de noviembre de 1930 y estadísticas comparativas con Censos anteriores*,Volumen Ⅲ,Santiago de Chile:Imprenta Universo,1935,p.Ⅵ,p.XXX,p.14,p.29,p.59,p.77.

者,但以小商贩、佣人、洗衣工等传统劳动者为主体,不属于高度职业化的现代服务业工人。[1]农业雇工依然是最大的劳工群体,但他们更为分散,且尚未完全摆脱对大庄园的依附,还不能被视为现代意义上的工人阶级。

二、工人阶级的组织和政党

智利工人阶级在反抗剥削的斗争中萌发了阶级意识,并建立了工人组织和政党,从而成为智利左翼政治力量的基础。

智利的工人组织在工人运动中诞生,并经历了由互助组织到区域工会,再到全国工人联盟的转变过程。1890 年 7 月 2 日,伊基克的码头工人联合硝石矿工发动了大罢工,这也是全国首次现代意义上的工人大罢工。之后,罢工运动在整个大北矿区展开,并蔓延至边境区的煤矿和中央谷地的工商业城市,矿业工人、码头工人和铁路工人是运动的中坚力量。与此同时,工人组织也相继建立起来。在早期现代化启动前,智利的手工业者就建立了许多互助会,这种组织形式也被后来的工人阶级所采纳,成为工会的雏形。工人互助会在 1900 年前后已经达到数百个,并且实现了地域上的联合,如瓦尔帕莱索的工人协会同盟、圣地亚哥的联合会同盟、大北地区的硝石工人联合会和边境区的煤炭工人联盟,等等。硝石工人的联合会(mancomunal)在宗旨和组织方面已经具备了工会的特征,无政府主义者则建立了抵抗协会(so-ciedade de resistencia)。随着工人运动的深入开展,全国性的工人组织开始建

---

① 1930 年,14.8 万商业经济活动人口中有一半为雇主,表明独立经营的小商贩数量很多,其中流动商贩就有 1.7 万人。服务业中有 2.3 万人从事家务劳动,洗衣业的经济活动人口则达到了 2.2 万余人。Dirección General de Estadística, *Resultados del X Censo de la Población: efectuado el 27 de noviembre de 1930 y estadísticas comparativas con Censos anteriores*, Volumen Ⅲ, Santiago de Chile: Imprenta Universo, 1935, pp.12–13.

立。1900年,互助会组织召开社会工人大会,号称代表169个互助会和1万名会员。1904年,来自中北部地区的15个区域工人组织召开大会,代表了矿业、交通运输业和制造业的近2万名会员,提出了加强工人团结的措施,呼吁政府进行劳工立法并给予工会合法地位。国有铁路工人在1909年成立了智利工人联盟,最初仅为交通运输业的工人互助组织,在1917年被智利社会主义工人党改组为全国性的工会联盟。1921年,有102名委员出席了智利工人联盟的第四次大会,代表了硝石业、煤炭业、铁路运输业和制造业的近6万名会员,大会通过了加入赤色国际工会的决议。无政府工团主义的影响依然存在,其倡导者于1919年成立了产业工人联盟。①

　　随着工人运动的兴起与社会主义思潮的传播,代表工人阶级利益的智利共产党应运而生。1887年,智利民主党建立,其主要领导者是中产阶级知识分子,但强调保护工人阶级的利益。该党积极推动工人组织的建立,还帮助工人创办刊物,到1907年已经发行了17种周报。民主党在1894年获得众议院席位,到1921已增加到21席,少数激进的民主党议员抨击雇主对工人的压迫和政府对罢工的镇压,呼吁进行劳工立法。②由于党内对工人运动的态度存在分歧,民主党的左派在1897年成立了社会主义者同盟,宣扬自由社会主义和无政府主义思想,发行了刊物《旋风》(*La Tromba*)和《无产阶级》(*El Proletario*),但该组织仅存在两年。20世纪初,民主党分裂成以马拉基亚斯·孔查为首的保守派和以路易斯·埃米略·雷卡瓦伦(Luis Emilio Recabarren)为首的激进派,后者是智利工人运动的先驱。1912年,雷卡瓦伦领导民

　　① See Fernando Ortiz Letelier, *El movimiento obrero en Chile(1891-1919)*, Santiago de Chile:LOM Ediciones, 2005, pp.163-169. Jorge Barría S., *El movimiento obrero en Chile*, Santiago de Chile:Universidad Técnica del Estado, 1971, pp.17-30, pp.50-53.

　　② See Jorge Barría S., *El movimiento obrero en Chile*, Santiago de Chile:Universidad Técnica del Estado, 1971, pp.22-25.

主党左翼建立了智利社会主义工人党，标志着智利工人阶级拥有了独立的政党。该党在 1915 年召开了首次全国代表大会，通过了党的宗旨、最低纲领和组织章程，选举产生以拉蒙·塞普尔韦达·莱亚尔（Ramón Sepúlveda Leal）为秘书长的全国委员会。其最低纲领包括推动劳工部的建立、实现 8 小时工作制、保护女工和童工、建立工人保险、进行政治改革、发展民族工业，等等。社会主义工人党积极推进工人运动，在北部矿区、圣地亚哥、瓦尔帕莱索、康塞普西翁和蓬塔阿雷纳斯等地设立了支部，创办了在当时颇具影响力的日报——《劳动者觉悟报》(El Despertar de los Trabajadores)，还发行了 6 份周报。[①]受到俄国十月革命的影响，社会主义工人党在 1922 年的全国代表会上进行改组。与会代表以 106 票对 12 票的表决结果通过决议，将党的名称改为智利共产党，并加入共产国际。[②]作为新兴的左翼政治力量，智利共产党积极参与 20 世纪 20 年代的智利改革运动，如支持和推动宪政改革，倡导经济和社会改革，推举工人领袖参加国会和总统选举，表达了底层民众的利益诉求。

小　结

早期城市化改变了智利社会的面貌。首先，城乡人口结构改变。1875—1930 年，智利的城市人口增加了 2.8 倍多，年均增长率约为 2.5%，2 万人以上的中心城市由 2 座增加到 15 座，5000 至 2 万人口之间的城市由 19 座增加到 39 座，1000 至 5000 人的城镇由 92 座增加到 162 座，城市人口在全国

---

① See Jorge Barría S., *El movimiento obrero en Chile*, Santiago de Chile: Universidad Técnica del Estado, 1971, pp.43–47.

② See Julio Heise González, *Historia de Chile: el período parlamentario, 1861–1925*, Santiago de Chile: Editorial Andrés Bello, 1982, p.336.

人口中的比重由 26%上升至 48%。其次,现代城市格局基本奠定。在硝石出口繁荣与工商业发展的推动下,智利形成了北部的矿业城市带、中部的工商业城市带和南部的农牧产品加工业城市带三大城市区域，奠定了以圣地亚哥–瓦尔帕莱索、康塞普西翁–边境区为核心的现代城市地理格局。最后,城市的现代职能初步形成。以圣地亚哥、瓦尔帕莱索和康塞普西翁为代表的城市聚集了智利工业、矿业、商业和交通运输业等部门的经济活动人口,是智利现代经济体系的枢纽,同时还发挥着行政管理和文化教育的职能。

新兴社会阶层崛起,改变了智利的社会结构。随着经济发展与政府机构扩大,智利的中产阶级逐渐壮大,包括小企业家、中小庄园主、白领雇员、自由职业者和政府雇员等群体。新兴的中产阶级建立了维护自身利益的职业协会,通过与土地寡头自由派的合作实现了激进党的"中产阶级化",其政治意识形态兼具保守性与进步性。早期现代化推动了智利工矿业的发展,并建立了现代交通运输体系,现代工人阶级由此兴起,主要包括制造业部门的工人,硝石、煤炭和铜矿业部门的矿业工人,铁路和航运部门的交通运输业工人。智利工人阶级在反抗剥削的斗争中萌发了阶级意识,并建立了工人组织和政党,从而成为智利左翼政治力量的基础。

第五章　由寡头政治向民主制的过渡

经济社会结构变迁冲击了传统的寡头政治制度，新兴社会阶层及其政党推动了社会立法和宪政改革进程，并进行了结构改革尝试，从而奠定了智利现代民主制的基础。

第一节　寡头政治的危机

1891 年内战之后，智利的土地寡头通过议会制政体延续其统治，但在 1910 年前后面临新兴社会阶层及其政党的挑战，而议会制度也难以有效应对日益严峻的经济和社会问题。

一、议会共和国的制度基础

1891 年内战之后，智利进入了所谓的"议会共和国"时期，其政权基础仍为土地寡头集团，政体则由总统制改为议会制。

1891年内战源于统治集团内部的分歧，此后建立的议会共和国仍为土地寡头政权。1833年宪法是土地寡头政权的制度基础，但统治集团内部对该宪法的解释存在分歧。保守派突出有关总统权力的条款，而自由派则强调议会制约总统的条款。1857年，执政的保守派分裂为保守党和国民党，增加了反对派的力量，使后者能够真正挑战总统的权威。19世纪70年代，自由派及其盟友成功推动了修宪，禁止总统连任，限制总统干预选举的权力。早期现代化启动后，智利仍然出现了多明戈·圣马里亚和曼努埃尔·巴尔马赛达两位强势总统，但专制共和国时期形成的总统集权制已遭到严重削弱。随着立法权的强化，总统与议会的冲突升级，并最终导致1891年内战的爆发。巴尔马赛达试图强化国家对经济的干预，但却受到议会的掣肘，双方围绕预算问题进行了激烈的争论。当巴尔马赛达绕过议会时，后者宣布总统违宪，并组织军队进攻政府。经过1891年1月至8月的激烈战争，议会派获胜，巴尔马赛达自杀殉职。当时智利尚未出现经济社会结构变迁，内战只不过是统治集团内部的对抗。无论是获胜的议会派，还是失败的总统派，他们都无意改变寡头威权主义政治制度。内战的结果仅是国家政体的更迭，即议会制取代了总统制。①

1891年内战之后，土地寡头集团利用议会制延续其统治。议会共和国实现了立法权对行政权的有效制约，其主要途径包括四种：一是消除总统对选举的直接干预。共和国早期的总统可以通过地方官员干预选举，以保障选举结果对执政党有利。但1891年底颁布的《自治市法》规定，市议员由选民直接投票产生，任职三年，使基层政府不再受制于总统，从而保障了"选举自由"。二是实施"行政官员不得担任国会议员"的法令。这项法令在巴尔马赛达政府时期颁布，但到1891年之后才实施，使立法机关独立于政府，防止总

---

① 关于1891年内战性质的史学争论，参见 Harold Blakemore, The Chilean Revolution of 1891 and Its Historiography, *The Hispanic American Historical Review*, Vol.45, No.3(Aug., 1965), pp.393–421。

统通过代理人干预国会的决策。三是赋予国会罢免政府部长的权力。国会议员可以通过不信任案罢免政府部长，从而极大地削弱了总统对内阁的支配权力。四是开放政党政治。专制共和国的总统可以利用暴力镇压反对党，自由共和国时期的反对党仍然受到打压。议会共和国则实行相对开发的政党政治，国会中没有出现一个独大的政党，而是代表了自由党、保守党、国民党、激进党、自由民主党和民主党六大党派，并且实现了两大政党同盟的交替执政。

议会制颠覆了总统的威权统治，但并未给智利带来真正的民主，寡头集团通过操控选举垄断国家政权。当时的法律规定，年满 21 岁且能够读写的男性公民拥有选举权，但许多没有文化的劳役佃农被大庄园主登记为选民。1930 年，智利仍有一半以上的人口居住在乡村，其中庄园居民就达到了 112 万人，约占全国人口总数的 26.2%。[1]土地寡头不仅控制了依附农民的选票，还大肆进行贿选。当时当选一个众议员要花 2 万~10 万比索，当选一个参议员则要花费 10 万~100 万比索。所谓的"自由选举"，不过是用自由收买选票来干涉选举，以代替过去用监狱、军队和刑罚来干涉选举的恶习。[2]国会议员的结构表明，土地寡头仍然是国家的主宰者。从 19 世纪中期到 20 世纪初，大庄园主占据着国会一半左右的席位，其在众议院的席位数有所波动，但却保持着对参议院的长期控制。到了 20 世纪 20 年代政治改革的前夕，参议院 2/3 的席位和众议院 2/5 的席位仍为土地寡头所把持。

---

① See Dirección General de Estadística, *Resultados del X Censo de la Población: efectuado el 27 de noviembre de 1930 y estadísticas comparativas con Censos anteriores*, Volumen Ⅰ, Santiago de Chile: Imprenta Universo, 1935, p.50.

② 参见[智利]路易斯·加尔达梅斯著、[美]考克斯编：《智利史》，辽宁大学历史系译，辽宁人民出版社，1975 年，第 688~689 页。

表 5-1　智利国会中大庄园主的数量和比重

	1854		1874		1902		1918	
	参议员	众议员	参议员	众议员	参议员	众议员	参议员	众议员
议员的数量	29	54	30	96	33	94	37	118
拥有大庄园的议员	14	20	21	42	24	49	25	47
大庄园主议员的比重	48%	37%	70%	44%	73%	52%	67%	40%
参众两院的议员总数	83		126		127		155	
拥有大庄园的议员	34		63		73		72	
大庄园主议员的比重	41%		50%		57%		46%	

资料来源:Arnold J. Bauer, *La sociedad rural chilena:desde la conquista española a nuestros días*,Santiago de Chile:Editorial Andres Bello,1994,p.246.

二、寡头政治的危机

面对新兴社会阶层的利益诉求,土地寡头集团极力维持旧的统治秩序,由此导致了严重的社会冲突, 而议会制度也难以有效应对日益加深的经济社会危机。

现代化导致贫富分化日趋严重,但却遭到土地寡头集团的漠视。早期现代化给智利带来了物质进步,但也拉大了贫富分化的鸿沟:一方面,劳工阶层受到雇主的残酷剥削,其基本生活难以得到保障。圣地亚哥和瓦尔帕莱索已经发展成现代化的大都市, 但城市工人阶级却挤在用土坯建造的大杂院(conventillo)中,饮水和卫生条件极差,还要缴纳高额租金。据估计,1911 年圣地亚哥约有 2000 个大杂院,居住着 13 万人,每户的居住面积不足 20 平方米。[①]即使在现代化程度较高的硝石矿区,工人的生产和生活条件也很恶劣。硝石的开采和加工过程比较危险,但矿业公司不愿在安全防护方面进行投资,导致生产事故较多,而伤残工人却得不到生活保障。矿业工人居住在

---

① See Patrick Barr –Melej,*Reforming Chile:Cultura Politics,Nationalism,and the Rise of the Middle Class*,Chapel Hill:the University of North Carolina Press,2001,p.34.

用金属板搭建的工棚内,忍受着沙漠的高温气候。他们还要被迫领取用代金券(ficha)支付的工资,在矿业公司开办的商店中购买高价生活用品。另一方面,政府增发纸币使有产者从中获利,却让中下层民众深受通货膨胀之苦。从1878年起,智利政府大量发行不可兑换硬通货的纸比索,以解决财政危机,但同时也推动了国内物价的上涨。大庄园主从土地抵押银行获得大量贷款,其实际偿付的本息因通货膨胀而减少。比索贬值提高了进口品价格,有利于国内的工业企业家。但是中下层民众的实际工资因通货膨胀而减少,其生活压力越来越大。1897—1910年,圣地亚哥和瓦尔帕莱索的小麦批发价格增长了1倍,马铃薯增长了2倍,菜豆增长了1.8倍,牛肉增长了1.6倍。[1]智利政府没有严格限制奢侈品进口,却为了保护国内大庄园主的利益而对进口牛肉课以重税,从而导致国内食品价格进一步上涨。

面对新兴社会阶层的反抗,寡头集团以暴力手段进行镇压,进一步加剧了经济危机和社会冲突。工人阶级和中产阶级不满生活条件的恶化,强烈反对土地寡头政权的经济和社会政策。1902—1903年,伊基克、托科皮亚、瓦尔帕莱索和查尼亚拉尔等地的码头工人、圣地亚哥的有轨电车工人进行大罢工,使当地的交通体系瘫痪,洛塔和科罗内尔的矿业工人则中断了煤炭生产。1906年,安托法加斯塔的铁路工人和康塞普西翁的制造业工人发动大罢工,1907年的经济危机引发了更加频繁的罢工。[2]公职人员因不满政府削减薪金,也发动了罢工。但智利政府并没有努力平息中下层民众的不满,而是动用军警进行镇压,酿成了一系列惨案。1906年,海军炮击安托法加斯塔的游行队伍,导致近百人的伤亡,1907年的伊基克惨案则使数百名示威者丧

---

① See Thomas C. Wright, Origins of the Politics of Inflation in Chile, 1888–1918, *The Hispanic American Historical Review*, Vol.53, No.2(May, 1973), p.249.

② See Jorge Barría S., *El movimiento obrero en Chile*, Santiago de Chile: Universidad Técnica del Estado, 1971, pp.18–19.

生。镇压不仅没有消除社会动荡的根源,反而加剧了社会冲突。一战结束之后,智利的罢工运动愈演愈烈,1920 年官方统计的罢工次数达到了 105 次,较 1910 年增加了 9 倍。[①]同时,社会冲突还危及正常的生产秩序,加剧了经济危机。如 1914—1932 年,智利的煤炭生产陷于波动,1920 年和 1922 年煤炭产量分别较 1919 年减少了 40 万吨和 28 万吨,主要是罢工导致的。[②]

土地寡头在议会制框架内陷入政治纷争,使政府难以有效应对日益加深的经济社会危机。议会制取代了总统制,但并未相应地承担总统的职责,反而削弱了政府的公共管理职能。摆脱威权总统制约的各个党派在议会中纷争不已,滥用议员的权力攻击对手,使政府长期处于动荡之中。在 1892—1920 年的 29 年内,智利内阁首脑——内政部长更换的次数达到了 120 次,平均每年 4 次,而在 1831—1885 年的 55 年中总共才有 31 次。[③]各个政党缺乏明确的政治纲领,其内部的不同派别为了政治分赃也竞相角逐,加剧了政局的动荡。政府的职能被严重削弱,影响了经济社会发展。例如,旨在保护民族工业的关税草案被国会长期搁置,影响了关税保护政策的实际效果。尽管政府大力发展公共教育,但国会迟至 1920 年才通过初等义务教育法。公共卫生建设滞后,导致传染病肆虐,以天花、肺结核和斑疹伤寒最为厉害,儿童还经常受到猩红热和百日咳的侵害。由于缺乏完善的公共卫生服务体系,加之恶劣的生产和生活条件,当时智利的人口死亡率很高。1907—1920 年智利的年均人口死亡率达到了 32.2‰,1920—1930 年为 27.6‰。1930 年,智利的人口死亡率仍高达 24.8‰, 远高于 1929 年的阿根廷（13.6‰）和乌拉圭

---

① See Brian Loveman, *Chile: The Legacy of Hispanic Capitalism*, Second Edition, New York: Oxford University Press, 2001, p.171.

② See Hernán Venegas Valdebenito, Crisis económica y conflictos sociales y políticos en la zona carbonífera, 1918–1931, *Contribuciones Científicas y Tecnológicas*, No.116(Nov., 1997), p.128.

③ See Fredrick B. Pike, *Chile and the United States, 1880–1962: The Emergence of Chile's Social Crisis and the Challenge to United States Diplomacy*, Uniersity of Notre Press, 1963, p.86.

（10.8‰）。①一些政治家，如佩德罗·蒙特总统试图扭转局势，但遭到了国会的阻挠，他本人也因力不从心而在任期届满前逝世。

三、改革思潮的兴起

随着寡头政治危机的加深，新兴社会阶层及其政党提出了系统的改革主张，其核心思想是通过国家干预解决经济社会发展问题，而寡头集团温和派也从道德层面反思了社会危机。

中产阶级和激进党倡导国家干预主义，要求政府有效地履行公共职能。中产阶级改革思想的渊源主要来自两个方面：一是波塔莱斯的中央集权思想。作为专制共和国的奠基者，波塔莱斯遭到了19世纪自由派知识分子的抨击。但是当20世纪初智利再次面对政治纷争时，波塔莱斯的中央集权思想得到了中产阶级知识分子的推崇，被视作维护社会秩序的重要手段。如贡萨洛·布尔内斯高度评价了波塔莱斯的政治遗产，认为太平洋战争是"秩序对混乱"的胜利、"一个没有考迪罗的国家对另一个考迪罗肆虐的国家"的胜利。②阿尔韦托·爱德华兹将智利的寡头斥为"贵族投石党"，而将波塔莱斯视为成功制伏寡头的先驱。③二是俾斯麦的国家社会主义思想。俾斯麦的国家社会主义思想产生于19世纪70至80年代，强调国家的超阶级性，主张通过国家干预来调和阶级矛盾。这种思想与普鲁士军事和教育体制一起传入

---

① See Dirección General de Estadística, *Resultados del X Censo de la Población: efectuado el 27 de noviembre de 1930 y estadísticas comparativas con Censos anteriores*, Volumen I, Santiago de Chile: Imprenta Universo, 1935, pp.11–12.

② See Gonzalo Bulnes, *Guerra del Pacífico*, Tomo II, Valparaíso: Sociedad Imprenta y Litografía Universo, 1914, p.699.

③ See Alberto Edwards, *La fronda aristocrática en Chile*, Santiago de Chile: Imprenta Nacional, 1928.

智利,影响了许多智利政治家。如巴伦廷·莱特列尔(Valentín Letelier)曾于1882—1885 年担任智利驻德国公使馆的秘书,对德国的发展模式进行过实地考察,回国后积极宣传国家社会主义思想。中产阶级通过激进党宣传其改革主张,使改良主义成为该党的指导思想。19 世纪末期,激进党主要关注世俗化和教育问题,尚未提出系统的改革主张,其政治纲领的重大转变始于1906 年的第三次全国代表大会。在这次大会上,以巴伦廷·莱特列尔为首的改革派战胜了以恩里克·马克-伊韦(Enrique Mac-Iver)为首的保守派,提出了激进党的改革理念,即国家负有发展卫生和教育等公共事业的责任,并有义务通过立法改善劳工的生活。①此后,激进党不断扩大其政治影响,成为改革的中坚力量。

工人阶级的早期改革思想集中于劳工立法,成立政党后则趋向于进行全面的制度改革。智利早期工人运动的主要动机是改善经济待遇,如提高工资标准、废除实物工资、防范生产事故和降低劳动强度等,工人组织将上述要求纳入劳工立法的范畴。在 1904 年召开的工人联合会大会上,15 个区域性工人组织明确提出了劳工立法和工会合法化的主张,并派代表向赫尔曼·列斯科总统(Germán Riesco,1901—1906 年执政)递交了这次大会的决议。1912 年,社会主义工人党成立,除了坚持劳工立法外,还提出了其他一系列主张。如通过社会立法保障男女平等、实现政教分离、保障非婚生子的权益、实行义务、世俗和免费的教育、废除死刑,通过政治立法修改宪法、取消国会及其常设委员会、实现总统直接选举,通过经济立法免除粮食和原料的进口税、对进口奢侈品和国内能够生产的进口品课以重税、扶持民族航运业和工业、按国家确定的汇率支付工资、建立人民储蓄和借贷银行、进行有利于工

---

① See Patrick Barr-Melej, *Reforming Chile:Cultura Politics,Nationalism,and the Rise of the Middle Class*,Chapel Hill:the University of North Carolina Press,2001,pp.28-29.

业投资的银行制度改革,等等。①共产党取代社会主义工人党之后,提出了更加激进的主张:终结外国资本家和国内寡头对智利人民的奴役和剥削;分配土地,建立小农所有制,解放乡村雇工和劳役佃农;捍卫人民的民主和自由权利,致力于建立真正的人民政府,等等。②

寡头集团温和派受到社会危机的触动,并从道德层面进行了反思。智利在 19 世纪曾经是拉美国家政治稳定的典范,但在 20 世纪初却深受政治纷争与社会冲突的困扰。这种反差迫使许多寡头集团精英进行反思,但他们将国家的衰落归咎于道德上的迷失。如激进党的保守派政治家恩里克·马克-伊韦在 1900 年发表了《关于共和国道德危机》的演说,强调智利在起步阶段曾富于开拓精神,并且领先加拿大、澳大利亚、巴西、阿根廷和墨西哥等国,但现在却落伍了,其失败的根源在于公共道德的缺失,主要表现为政府没有履行好公共职能。③出身于寡头集团的路易斯·奥雷戈·卢科撰写了著名的小说《大房子》,将国家的衰败归咎于统治阶层的堕落,认为那些唯利是图的新贵们败坏了统治阶层的道德,使其丧失了公德心和传统价值理念。④天主教是寡头威权主义政治的精神支柱,但其思想也开始发生改变。一方面,受到 1891 年教皇通谕的影响,智利的天主教会开始关注劳资关系,在肯定私有财产合法性的同时,强调穷人的权利和富人的社会责任。另一面,世俗化思潮冲击了天主教的国教地位,迫使其革新社会动员方式。1906 年的瓦尔帕莱索地震之后,卡萨诺瓦大主教发表了致智利全体天主教徒的教书,宣称这次可

---

① See Jorge Barría S.,*El movimiento obrero en Chile*,Santiago de Chile:Universidad Técnica del Estado,1971,pp.28-29,pp.45-46.

② See El Partido Comunista de Chile,*Estatutos del Partido Comunista de Chile*,Santiago de Chile:Imprenta y Litografía'Antares',192-?,pp.3-5.

③ See Enrique Mac-Iver,*Discurso sobre la crisis moral de la República*,Santiago de Chile:Imprenta Moderna,1900.

④ See Luis Orrego Luco,*Casa Grande*,Santiago de Chile:Zig-Zag,1908.

怕的地震是上帝对他们罪行震怒的表示,并抨击了 20 世纪初腐蚀智利社会的邪恶,如贪得无厌地追求财富,奢侈挥霍,对贫民漠不关心,等等。[①]这种针对社会矛盾的说教方式提高了天主教会的社会威望。尽管意识到了国家面临的危机,但寡头集团温和派并没有提出系统的改革主张,他们也反对新兴社会阶层破坏旧制度。

第二节　社会立法与宪政改革

新兴社会阶层及其政党将改革思想付诸实践,推动了亚历山德里时期的社会立法和宪政改革进程,使议会共和国退出了历史舞台。

一、亚历山德里与1920年大选

1915 年之后,智利的寡头政党逐渐失势,具有早期民众主义色彩的亚历山德里崛起,并在中左派力量的支持下赢得 1920 年总统选举。

出身于传统政党的亚历山德里响应改革诉求,并且利用民众主义方式动员中下层民众。阿图罗·亚历山德里·帕尔马生于利纳雷斯省隆加维的一个大庄园主家庭,是意大利移民的后裔。其毕业于智利大学法学院,是自由党青年的骨干,曾帮助埃拉苏里斯竞选总统,不到 30 岁就成为众议员,还三次担任政府部长。像同时期的智利政治家一样,亚历山德里见证了议会的纷争,在担任部长期间则经历了内阁频繁改组的动荡局面。[②]面对中下层民众

① 参见[智利]路易斯·加尔达梅斯著、[美]考克斯编:《智利史》,辽宁大学历史系译,辽宁人民出版社,1975 年,第 802 页。

② See Claudio Orrego Vicuña, et al., *7 Ensayos sobre Arturo Alessandri Palma*, Santiago de Chile: Instituto Chileno de Estudios Humanísticos, 1979, pp.20–23.

对寡头政治的挑战,亚历山德里转向改良主义,力图在法律框架内解决议会共和国的制度危机。他本人是一位出色的律师,口才极佳且富于个人魅力。在1915年竞选塔拉帕卡省的参议员时,他放弃了传统的欺诈和贿选手段,通过抨击寡头政治的弊端赢得了中下层选民的支持,成功当选并获得"塔拉帕卡雄狮"的称号。此后,亚历山德里继续展示其民众主义风格,通过富有激情的演讲表达其对中下层民众的同情和对寡头集团的愤慨,许诺进行社会立法和宪政改革,由此赢得了很高的社会威望。矿区和城市的工人阶级与中产阶级支持亚历山德里的改革计划,军人也将结束政治动荡的希望寄托在亚历山德里身上,从而为其赢得1920年大选的胜利奠定了基础。

经过激烈的政治角逐,亚历山德里在1920年入主莫内达宫。1920年总统大选在自由党同盟和国民党联盟之间进行角逐,前者主要由自由党、激进党和民主党组成,推举亚历山德里为候选人;后者主要由自由民主党、国民党、保守党和反对亚历山德里的自由党党员组成,推举路易斯·巴罗斯·博尔戈尼奥(Luis Barros Borgoño)为候选人。智利工人联盟和社会主义工人党不信任亚历山德里,推举雷卡瓦伦参加大选。亚历山德里的竞选纲领包括:改革1833年宪法;国家调节劳资关系,保障工人的经济、社会和文化权益,并设立劳工部和社会保障部;实行初等义务教育;维持币值稳定,抑制投机活动,以保障工薪阶层和小生产者的权益;进行税收制度改革,设立直接税;保护妇女的权益,等等。出于竞选的需要,博尔戈尼奥的纲领与亚历山德里的纲领相似,也涉及改善行政管理、发展经济和社会立法等内容,但在教育和宗教问题上继续持保守立场。[1]尽管亚历山德里深孚众望,但当时妇女、文盲、军警、教士和未登记的选民等群体不能参加总统的间接选举,加之选举

---

① See Claudio Orrego Vicuña, et al., *7 Ensayos sobre Arturo Alessandri Palma*, Santiago de Chile: Instituto Chileno de Estudios Humanísticos, 1979, pp.66–71.

人的年龄被限定在 21 岁以上,当年全国仅有 4.5% 的人口参加投票。最后,亚历山德里和博尔戈尼奥的得票数非常接近,而且双方都对选举结果提出了异议。慑于中下层民众的压力,荣誉法院判定亚历山德里获胜。

亚历山德里上台后着手进行改革,但因国会的阻挠而陷入困境。亚历山德里在 1920 年 12 月 23 日宣誓就职,上台伊始就向国会提出了一系列改革议案。但是执政的自由党同盟仅拥有众议院的多数席位,而参议院则被在野的国民党联盟控制着,后者成功地阻止了改革议案的通过。执政的自由党同盟也并不团结,其内部的派系斗争有加剧的趋势。因此,亚历山德里在执政的前三年一筹莫展,国会仅批准了少数有关财政的法案,而政治和社会改革计划都被搁置了。国会继续通过不信任案向政府施加压力,迫使亚历山德里像其前任一样频繁地重组内阁。为了扭转局势,亚历山德里动用行政权力干预 1924 年 3 月的国会选举,使自由党同盟控制了参众两院的多数席位。但这次胜利并未扫除改革的障碍,新议会将时间耗费在烦琐的立法程序和无休止的争论中,而不是及时地讨论和表决改革议案,而且自由党同盟的内部分歧加剧,政治地位上升的激进党开始反对亚历山德里的个人主义。改革停滞不前,导致中下层民众的不满。支持亚历山德里的军人开始取代文人,直接主导改革进程。

二、军人干政与社会立法

代表中产阶级利益的中下级军官反对国会阻挠改革,于 1924 年强制进行了社会立法。

智利没有军人干政的传统,但不断加深的政治制度危机使军人开始介入改革。1830—1923 年,智利基本没有出现军人干政的现象,军队在 1891 年内战中也仅是扮演政党追随者的角色。智利的寡头政党制度建立在具有威权主义色彩的宪政框架内,在19世纪保持了很强的稳定性,从而能够有效地制约军人干政。但是这种平衡在议会共和国时期被打破。首先,寡头集团陷于政治纷争,并且难以有效应对经济社会危机,给军人干政提供了机会,亚历山德里对军队的动员进一步削弱了文人政治的基础。其次,军事现代化强化了军人的政治使命感。智利政府于太平洋战争后仿效普鲁士军事体制,进行军事现代化。19世纪90年代中期至一战,智利共派遣了大约130名军官赴德国培训。许多德国军官在智利的军事学校执教,其中埃米略·康内尔(Emil Körner)还曾担任智利军队的总参谋长。①普鲁士体制中的国家主义理念影响了智利军队,1900年实施的义务兵役制则进一步强化了军人的政治使命感。最后,军队结构的变化使中下级军官崛起,他们具有强烈的反寡头意识。由于实行义务兵役制,大批中下层青年应征入伍,其中许多人成为中下级军官。他们不满寡头集团对社会问题的漠视,同情罢工运动,通过秘密组织和军队刊物宣传改革思想,同时也希望通过军队改革提高自己的经济待遇和社会地位。

当亚历山德里的改革陷入僵局时,中下级军官强制进行了社会立法。军队支持自由党同盟取得了1924年国会选举的胜利,但后者的改革依然停滞不前,这导致了各级军官的不满。以路易斯·阿尔塔米拉诺(Luis Altamirano)为首的高级军官受到国民党联盟的策动,加入了反对亚历山德里的秘密组织。而中下级军官则准备直接领导改革,他们聚集在卡洛斯·伊瓦涅斯和马马杜克·格罗维两位陆军少校周围,通过军人俱乐部探讨改革问题。当国会议员搁置改革议案,却为自己制定薪金法案时,军队开始直接介入改革。1924年9月5日上午,伊瓦涅斯召集圣地亚哥卫戍部队的军官,成立了由1

---

① See Simon Collier and William F. Sater, A History of Chile, 1808–2002, Second Edition, New York: Cambridge University Press, 2004, pp.178–179.

名上校、3 名中校、9 名少校、6 名上尉和 4 名中尉组成的军事委员会。该委员会于当天中午向亚历山德里政府提交了一份立法清单：否决国会议员的薪金法案；立即通过年度财政预算，改革军队条例，提高陆军、海军和国民卫队的工资，进行所得税立法，为太平洋战争的老兵发放退休金，稳定比索的价值，通过工人健康和事故保险法，偿付拖欠的政府雇员和公立学校教师工资，解除不受军事委员会欢迎的部长的职务，由职业军人出任陆军部长，今后不再由军队监督选举。①当天下午，内阁辞职，亚历山德里任命阿尔塔米拉诺将军为内政部长，后者又提名另外两名高级将领进入新内阁，从而使军队控制了政府。9 月 8 日下午，国会被迫通过了军人提出的改革议案，使拖延了近四年的社会立法得以实现。

此后，中下级军官与保守的高级军官展开了博弈，通过政变将改革推向深入。由于无力驾驭政局，亚历山德里于 9 月 8 日晚上辞去了总统职务，经美国大使馆流亡国外。随后，军队解散了国会，成立了由阿尔塔米拉诺、本内特(Bennett)和内夫(Neff)三位将军组成的执政委员会。接管政权的高级军官并不想深化改革，而是与国民党联盟接触，许诺尽快恢复文人政治。而中下级军官则希望继续推动社会立法，并在恢复文人政治前完成宪政改革，但遭到高级军官的拒绝。1925 年 1 月 23 日，伊瓦涅斯和格罗维发动政变，兵不血刃地推翻了由高级军官把持的政府。②新的执政委员成员包括文人和高级将领，但关键的陆军部长一职由伊瓦涅斯出任。这届执政委员行使了两个月的权力，并重新启动了改革。如担任卫生与社会福利部长的军医何塞·桑托斯·萨拉斯(José Santos Salas)在改善公共卫生方面做了卓有成效的工作，并且通过立法降低了工人大杂院的租金。从 1924 年 9 月到 1925 年 3 月，两届军人

---

① See Frederick M. Nunn, Military Rule in Chile: The Revolutions of September 5, 1924 and January 23, 1925, *The Hispanic American Historical Review*, Vol.47, No.1(Feb., 1967), p.7.

② Ibid., pp.13-20.

执政委员会共颁布了 300 余条社会法令,汇编成了一部新法典。与此同时,经过各派政治力量的妥协,执政委员会邀请亚历山德里回国主持改革。

三、1925 年宪法的制定和颁布

在各阶层的支持下,亚历山德里领导了 1925 年的宪政改革。一部民主的宪法取代了实行 90 多年的 1833 年宪法,在制度层面终结了寡头政治。

新宪法的制定具有广泛的代表性,经全民公决通过。1925 年 3 月 20 日,亚历山德里回国,并于 4 月 7 日成立了具有广泛代表性的"大协商委员会"。其成员来自各个党派,其中激进党 26 人,自由党 16 人,保守党 14 人,民主党 14 人,自由民主党 10 人,共产党 6 人,国民党 2 人,还包括 30 名左右的独立人士。[①]一个小组委员会负责宪法的起草工作,并在 7 月 23 日提交大协商委员会讨论,激进党、保守党和共产党的委员表示反对,但军队代表支持宪法草案。8 月 30 日,亚历山德里政府将宪法草案付诸全民公决。30.2 万选民中仅有 13.4 万人参加投票,但 12.7 万人投了赞成票。保守党和激进党弃权,前者不满政教分离的条款,后者则不满彻底变革议会制度。[②]经全民公决通过后,亚历山德里政府于 9 月 18 日举行了庄严的宪法颁布仪式,标志着统治智利达 92 年之久的 1833 年宪法的结束。

1925 年宪法在制度层面结束了寡头政治,奠定了智利现代民主制的基础。首先,新宪法恢复了总统制,终结了寡头纷争的议会共和国。1925 年宪法剥夺了国会通过谴责罢免部长的权力,授予总统更多的预算权力,并且简化了立法和修宪的程序。总统的任期增加到 6 年,并且由直接选举产生,而之

---

①　See Simon Collier and William F. Sater, *A History of Chile*, 1808 – 2002, Second Edition, New York: Cambridge University Press, 2004, p.213.

②　参见[英]哈罗德·布莱克莫尔:《智利——从太平洋战争到世界大萧条(1880—1930)》,载[英]莱斯利·贝瑟尔主编:《剑桥拉丁美洲史》(第五卷),胡毓鼎等译,社会科学文献出版社,1992 年,第 552 页。

前的间接选举容易受到土地寡头的操纵。设立审定议员和总统候选人资格的特别法院，而不再由国会行使这项权力。其次，保障公民的基本权利。实行秘密投票制度，保障选举自由。废除天主教的国教地位，保障公民的宗教信仰自由。国家开放公职，按财产等级分摊税负，并给予劳工基本的社会保障。公民享有言论和出版自由，以及集会、结社和请愿等权利。再次，强化了国家的公共服务职能。初等义务教育被写入宪法，国家负有保障公共卫生和国民健康的职责。最后，重申了立法权、行政权和司法权相互独立、相互制衡的原则。此外，1925 年宪法还明确规定了财产的社会义务，即财产权要服从于公共利益和社会进步，并且提出了分割乡村地产和建立家庭农场的土改理念。[①]1833 年宪法融合了西班牙殖民制度遗产与西方宪政制度，带有浓厚的威权主义色彩，是智利寡头政治的根基。而 1925 年宪法则是一部革新旧制度的民主宪法，将新兴社会阶层纳入宪政制度，具有政治民主与经济民主的双重特点。但是这部宪法的正常实施要迟至 1932 年之后，在这之前出现了伊瓦涅斯的威权主义统治。

第三节　伊瓦涅斯的经济和社会改革

宪政改革并未消除制约国家发展的制度障碍，而且寡头集团的势力依然根深蒂固，军人改革派的领袖伊瓦涅斯利用威权主义推动了经济和社会改革。

一、伊瓦涅斯的威权主义统治

伊瓦涅斯在军队的支持下上台，改组了寡头当政时期的武装力量和行

---

① Constitución de 1925, http://www.bcn.cl/lc/cpolitica/1925.pdf.

政机构,建立起具有改良主义特征的威权主义政权。

伊瓦涅斯政权是智利政治转型时期的产物,源于寡头政治结束时的社会危机。1925 年的宪政改革在制度层面结束了政治危机,但并没有提出具体的经济和社会改革计划,而且宪法本身也遭到保守派和激进派的抵制。由国际收支危机导致的社会动荡还未结束,1925 年宪法颁布前夕依然发生了大规模的罢工运动和流血冲突。1925 年年底上台的埃米利亚诺·菲格罗亚(E-miliano Figueroa,1925—1927 年执政)无意进行改革,而新成立的议会还在延续着党派纷争。在这种背景下,伊瓦涅斯成为稳定秩序和推进改革的政治强人。伊瓦涅斯毕业于圣地亚哥军事学校,曾作为智利军事代表协助萨尔瓦多政府训练军队,以陆军少校的身份领导了 1924 年的中下级军官运动,通过翌年 1 月的政变获得陆军部长之职。他在 1927 年 2 月出任内政部长,随后迫使菲格罗亚总统辞职,并在同年 5 月 22 日的选举中成为总统。伊瓦涅斯在当政时期强化国家暴力机关,监禁和放逐政敌,建立起威权主义统治,但在形式上维护宪法和保留国会。伊瓦涅斯政权是智利政治转型时期的必然产物,兼具威权主义和改良主义的特征。正如经历过伊瓦涅斯独裁的阿连德总统所说:"在拉丁美洲国家中,它肯定不是典型的独裁统治,实际上,人们可以说它是一种温和的独裁,一种混乱的政府和混乱经济形势下的产物。"①

伊瓦涅斯改组武装力量和行政机构,清除寡头势力,任用技术专家治国。智利军队的高级军官大多出身于寡头集团,以海军最为明显。他们的政治立场保守,反对中下级军官的改革计划。早在 1924 年 10 月,伊瓦涅斯领导的中下级军官就迫使部分保守派军官辞职。当他控制内阁后,支持海军部长卡洛斯·弗罗登(Carlos Frödden)清除保守的海军高级军官,并发起对公职系统的整顿,矛头直指菲格罗亚总统的弟弟、最高法院的院长。他于 1927 年

---

① 〔法〕雷吉斯·德布雷:《阿连德和德布雷的谈话》,复旦大学历史系拉丁美洲研究室译,上海人民出版社,1973 年,第 3 页。

对国民卫队进行了整编,使之更加职业化并能有效地维护治安。他将军队指挥权交给忠于自己的将领,并改善军队的武器装备,还建立了空军。经过改组的武装力量有效地维护了伊瓦涅斯政权,但每年的军费开支要占到财政支出的1/5到1/4。国会受到压制,政府在制定和实施改革计划方面获得了更多的自主权。同时,伊瓦涅斯任用技术专家治国,使行政部门的雇员结构发生了很大变化。主持政府工作的财政部长巴勃罗·拉米雷斯(Pablo Ramírez)聘用了一大批青年工程师,他们大多毕业于智利大学工程学院,被称为"巴勃罗·拉米雷斯弟子"[①]。这些技术专家在伊瓦涅斯的改革中发挥了重要作用。

二、经济发展政策

伊瓦涅斯政府实施了一系列经济发展政策,主要包括增加政府的公共工程投资、为私人投资者提供信贷支持和保护民族产业的发展。

在增加政府的公共工程投资方面。伊瓦涅斯政府实施了智利早期现代化时期规模最大的公共工程投资计划,包括完善铁路和港口设施、兴修水利工程、建设城市公用设施、投资校舍,等等。公共工程建设的资金主要来自关税和国内税,前者因硝石出口的复苏而增加,后者则因征收直接税而增长。同时,政府还大量发行公债,以弥补资金的不足。财政部长拉米雷斯认为:"在我们这样的新国家,完善铁路网、改善港口设施、建设公共建筑,让国内多数城市拥有饮用水和排水设施是必要的。这意味着它们的投资收益将在许多年后实现,也就是说,那时国家的人口更多,而且人均纳税能力更强。目前,向国民征税而不用贷款去支付当前的工程花费是明显不对的,后者可以

---

① See Adolfo Ibáñez Santa María,Los ingenieros,el Estado y la política en Chile:del Ministerio de Fomento a la Corporación de Fomento,1927–1939,*Historia(Santiago)*,Vol.18,(1983),pp.47–53.

在 25 或 30 年内分期偿还。"[1] 1925—1930 年,智利的外债由 3125 万英镑增加到 6207 万英镑,而内债则由 4 亿比索增加到 7.6 亿比索。[2]公共工程建设完善了智利的基础设施,促进了经济增长,改善了城市居民的生活条件,同时也缓解了因出口波动和人口增长导致的就业压力。

在为私人投资者提供信贷支持方面。在 1925 年前,智利的信贷市场被外资银行和国内的土地抵押银行所垄断,贷款的对象主要是大投资者和土地寡头,而中小投资者的融资非常困难。伊瓦涅斯政府通过央行稳定比索价值、发行公债,又先后成立了农业信贷银行、矿业信贷银行、煤炭信贷银行和工业信贷银行,为包括中小企业在内的国内投资者提供融资服务。其中农业信贷银行接受货物、牲畜或设备的抵押,不仅提供低利率的长期贷款,还供应廉价的化肥和种子,并帮助农户改良牲畜品种,小农的借贷额度也由最初的 1000 比索上调至 2 万比索。矿业信贷银行向中小矿业企业发放贷款,资助其购买机器设备,还直接参与矿业勘探和开发。工业信贷银行接受工厂的固定资本抵押,为工业企业提供借期 5 年以上、利率 7%以下的贷款,资金主要流向食品、酿酒、纺织、木材和冶金等部门。[3]这些措施提高了国内资本的形成率,推动了经济增长。

在保护民族产业的发展方面。伊瓦涅斯政府的政策带有经济民族主义特征,体现在四个方面:一是对国内制造业进行关税保护。1928 年的第 4321 号法令大幅提高了进口商品的税率,此后两年伊瓦涅斯又对 440 种关税类别内的产品加征了 20%~35%的进口关税。1928—1931 年,智利的平均关税

---

①　Andrés Sanfuentes,La deuda pública externa de Chile entre 1818 y 1935,*Notas Tecnicas CIEPLAN*,No.96,Marzo de 1987,p.20.

②　See Andrés Sanfuentes,La deuda pública externa de Chile entre 1818 y 1935,*Notas Tecnicas CIEPLAN*,No.96,Marzo de 1987,pp.54–55.

③　See Patricio Bernedo Pinto,Prosperidad económica bajo Carlos Ibáñez del Campo:1927–1929,*Historia(Santiago)*,Vol.24,1989,pp.63–76.

率提高了71%,影响了73%的进口品。①二是国家信贷机构重点扶持民族企业。如矿业信贷银行只受理国内资本占75%以上的矿业企业的贷款申请,但在智利居住5年以上且将3/4的工资支出付给智利国民的外国企业家除外。工业信贷银行最初只向智利企业贷款,后来也为将60%以上的资本投在智利且投资满5年的外国企业家服务。②三是扶持民族航运业和保险业。1927年,伊瓦涅斯政府颁布法令,根据运输量和目的地补贴本国的硝石出口商船,每年拨款200万比索补贴通过巴拿马运河的智利商船,政府还为国内投资者购买商船提供贷款担保。同年颁布的保险法案给予国内企业以税收优惠,并且将其最低注册资本降为外资企业的一半。③四是国家直接投资重要的经济部门。伊瓦涅斯政府尝试建立钢铁工业,为1926年成立的瓦尔迪维亚钢铁与工业公司提供贷款担保和国有森林,后来还直接注资这家企业。④他令空军开通了国内的首条航线,还试图建立国有石油公司。

三、土改尝试与劳工政策

伊瓦涅斯政府进行了土地改革尝试,并在社会立法的基础上完善了劳工政策。

土地改革在当时的智利还是禁区,但伊瓦涅斯政府进行了尝试。虽然1925年宪法提出了分割乡村地产、建立家庭农场的土改理念,但智利的大庄

---

① See P. T. Ellsworth, Chile: *An Economy in Transition*, New York: The Macmillan Co.1945, pp. 49–50.

② See Patricio Bernedo Pinto, Prosperidad económica bajo Carlos Ibáñez del Campo: 1927–1929, *Historia(Santiago)*, Vol.24, 1989, p.69, p.74.

③ See United States Department of States, *Foreign Relations of the United States(FRUS)*, 1927, Vol. I, pp.526–549.

④ See Henry W. Kirsch, *Industrial Development in a Traditional Society: the Conflict of Entrepreneurship and Modernization in Chile*, Gainesville: University Press of Florida, 1977, pp.147–149.

园制根深蒂固,中产阶级及其政党也将改革局限于城市。在不触动大庄园主根本利益的前提下,伊瓦涅斯进行了土改尝试,其计划包括:在国有土地上进行农业垦殖,发展农业合作社,为乡村小地产提供信贷,分割中部地区的大庄园,审定南方地区的土地产权,规范印第安人地区的土地产权。1926 年成立的农业信贷银行在一定程度上拓宽了小地产的融资渠道,1928 年成立的农业垦殖银行则成为土改的实施机构,其宗旨是:"改善土地分配关系,垦殖未开发的土地,分割未耕种的大地产。"[1]农业垦殖银行获得政府转让的国有土地,或者购买私人大地产,通过有偿分配份地的方式组织农民进行垦殖。其在 1929—1932 年共建立了 15 个移民垦殖区,向 455 户家庭分配了将近 4.7 万公顷土地,其中水浇地 5539 公顷,旱地 4.1 万多公顷。[2]此外,伊瓦涅斯政府还在南方进行土地审定,以解决农业拓殖过程中产生的土地纠纷。1929 年,南方地区大约有 4.7 万块地产存在产权问题,大地产主和拓殖小农的争端愈演愈烈。伊瓦涅斯设立了南方产权部,对有争议的土地进行审定,并且规定,缺少凭证的人如果能够证明其合法权利,将获得土地产权;擅自占地者如果占地满 10 年并且进行了有效开发,也将获得合法的产权。在土地审定过程中,政府以较低的价格向擅自占地者颁发了土地凭证,大部分是不足 100 公顷的小地产。[3]政府的介入在一定程度上缓解了大地产主在南方的土地兼并,而且进一步推动了边远地区(如艾森地区)的开发。

在社会立法的基础上, 伊瓦涅斯政府对劳工政策进行了改革。1924—1925 年的社会立法认可了工人的基本经济和社会权益, 但具体的实施方法尚不完善。伊瓦涅斯采取镇压与安抚相结合的手段, 确立了国家在劳资纠纷

---

① See José Garrido,ed.,*Historia de la reforma agraria en Chile*,Santiago de Chile:Editorial Universitaria 1988,p.48.

② Ibdi.,pp.58–60.

③ See George McCutchen McBride,*Chile:Land and Society*,New York:American Geographical Society,1936,pp.303–305.

中的仲裁者地位。他取缔了共产党,镇压智利工人联盟和其他左派工会,使智利的工人运动陷入低潮。但他又通过劳工部建立官方控制的工会,使国家开始充当劳资冲突仲裁者的角色。1927—1931 年,智利建立了大约 85 个合法工会,会员数约为 2.7 万人,涵盖硝石、铜矿、煤炭、冶金和纺织等重要经济部门,还存在为数众多的互助会组织。一个新的全国性工会组织——公民行动共和联盟也于 1929 年成立,其宗旨是协助政府贯彻劳工法,并获得了 19 个众议员席位。[①]伊瓦涅斯政府于 1931 年颁布了一部较为完善劳工法,详细规定了工会组织准则、集体谈判和政府仲裁等事宜,并将乡村雇工和佣人纳入劳工法的范畴。这部劳工法带有一定的局限性,如将法律规定外的罢工视为非法活动,否定政府雇员的罢工权利,严格限定工会联合会的活动范围,并赋予政府强制复工的权力。但它也强制要求雇主与工人签订劳动合同,与工会进行谈判,并遵守劳工法和社会保险法,并因此激起了雇主组织和大庄园主的不满。[②] 1931 年劳工法巩固了 1924—1925 年社会立法的成果,完善了智利的劳工政策,并一直实行了四十余年。

小　结

经济社会结构变迁冲击了智利传统的寡头政治制度。中产阶级和工人阶级在智利早期现代化进程中崛起,但被传统的土地寡头排斥在国家政治生活之外。土地寡头集团利用议会制度延续其统治,漠视并压制中下层民众

---

① See Jorge Barría S.,*El movimiento obrero en Chile*,Santiago de Chile:Universidad Técnica del Estado,1971,pp.61-64.

② See Brian Loveman,Chile:*The Legacy of Hispanic Capitalism*,Second Edition,New York:Oxford University Press,2001,pp.184-185.

的利益诉求,导致了严重的社会冲突。与此同时,土地寡头在议会制框架内陷入政治纷争,使政府难以有效应对日益加深的经济社会危机。随着寡头政治危机的加深,新兴社会阶层及其政党提出了系统的改革主张,其核心思想是通过国家干预解决经济社会发展问题。

新旧社会阶层的冲突导致了社会立法和宪政改革运动。1915 年之后,智利的寡头政党逐渐失势,具有早期民众主义色彩的亚历山德里崛起,并在中左派力量的支持下赢得 1920 年总统选举。亚历山德里上台后着手进行改革,但因国会的阻挠而陷入困境,代表中产阶级利益的中下级军官于 1924 年强制进行了社会立法。在各阶层的支持下,亚历山德里领导了 1925 年的宪政改革,用一部民主的宪法取代了实行 90 多年的 1833 年宪法,在制度层面终结了寡头政治,奠定了智利现代民主制的基础。

处于政治转型时期的伊瓦涅斯政权进行了结构改革尝试。宪政改革并未消除制约国家发展的制度障碍,而且寡头集团的势力依然根深蒂固。伊瓦涅斯在军队改革派的支持下上台,改组武装力量和行政机构,清除寡头势力,任用技术专家治国,建立起具有改良主义特征的威权主义政权。伊瓦涅斯政府实施了智利早期现代化时期规模最大的公共工程投资计划,成立了为国内投资者提供融资服务的多家信贷机构,通过关税保护立法和产业扶持政策促进民族工业和其他产业的发展,依托农业垦殖银行进行了土地改革尝试,并颁布了具有进步意义的 1931 年劳工法。

第六章　文化的世俗化进程

智利早期现代化冲击了天主教文化所主导的传统价值体系，孕育了以现代城市社会为载体的世俗大众文化。

第一节　文化世俗化的动力

智利早期现代化时期的经济社会发展是文化世俗化的根本动力，现代教育的发展和政府的世俗化改革则加快了这一进程。

一、经济社会变迁的推动

早期现代化时期的物质进步冲击了智利民众的文化心理，以中产阶级为主体的城市文化消费群体形成。

物质进步冲击了智利民众的文化心理。早期现代化启动前的智利相对贫穷和落后，也由此导致其精神文化生活方式相对简单。乡村社会鲜有现代气息,农业生产依靠人力和畜力,农民的主要精神文化生活是宗教仪式和节日庆典。城市的公用设施还很落后,圣地亚哥直到1857年才安装街道照明系统,到1867年首都的街道仅有717盏煤气灯和122盏油灯。①少数富裕家庭也点煤气灯,但普通民众还在使用蜡烛和油灯照明,智利消防队的诞生就源于传统照明方式引起的火灾。和乡村一样,城市的精神文化生活也主要限于宗教和节日,还有面向少数知识分子的报纸和期刊。社会上层模仿法国的贵族文化,光顾外国人开办的鞋店、裁缝店和珠宝店,以穿戴为荣,出入舞会和俱乐部,在家里办沙龙。出行方式彰显社会等级,上流人士使用马车,小康之家拥有牛拉的篷车,普通人只能步行。②19世纪晚期之后,早期工业化、矿业和商业发展给智利社会带来了巨大的物质进步。大城市建起了高楼大厦,煤气灯开始普及,后来被电灯所取代,家用电器进入富裕家庭。交通工具发生了革命性变化,由有轨电车、小汽车和公共汽车取代了传统的马车。1915年智利全国共有机动车1322辆,1920年达到8263辆,1925年增长到11751辆,1927年达到19093辆。③1920—1930年,智利的马车夫数量由3818人锐减到483人,而汽车司机的数量则由4600人增加到10029人。④物质进步对智利民众的文化心理产生了巨大冲击,人们开始追求更加丰富的精神文化生活,并在日趋便利的文化交流中实现了本土文化的世俗化与多元化。

以中产阶级为主体的城市文化消费群体形成。早期现代化启动前,智利

---

① See Samuel J. Martland, Progress Illuminating the World: Street Lighting in Santiago, Valparaíso and La Plata, 1840–1890, *Urban History*, Vol.29, No.2(2002), pp.231–232.

② 参见[智利]布莱斯特·加纳:《马丁·里瓦斯》,赵德明译,北京大学出版社,1981年。这部长篇小说于1862年问世,包括许多关于19世纪中期圣地亚哥文化生活的内容。

③ See Tomás Errázuriz, El asalto de los motorizados: El transporte moderno y la crisis del tránsito público en Santiago, 1900–1927, *Historia(Santiago)*, Vol.43, No.2(2010), p.374, p.377.

④ See Dirección General de Estadística, *Resultados del X Censo de la Población: efectuado el 27 de noviembre de 1930 y estadísticas comparativas con Censos anteriores*, Volumen Ⅲ, Santiago de Chile: Imprenta Universo, 1935, p.Ⅻ.

有 3/4 的人生活在贫穷和闭塞的乡村,对文化消费的需求很小,城市中的文化消费还属于少数上层权贵的特权。在工商业发展的推动下,智利实现了由传统乡村社会向现代城市社会的初步转变, 具备文化消费能力的新兴社会阶层崛起。1875—1930 年,智利的城市人口增长了将近 45%,其在总人口中的比重由 26%提高至 48%。①中产阶级具有较强的购买力和较高的知识水平,对精神文化的消费需求也更大。1930 年,智利的矿业、工业、交通运输业和金融业四个经济部门的白领雇员数量为 48717 人,律师、工程师、科学家、医生、作家和记者等自由职业者的数量达到 27465 人,政府行政部门的雇员数量为 48833 人,合计 12.5 万人,占全部经济活动人口的 1/10。②城市中产阶级推动了文化观念的革新,其中教师、记者、作家和演员还直接促进了文化事业的发展。如果将雇主阶层计算在内,城市文化消费群体的规模更大。此外,工人阶级在保证基本生活的前提下,也有文化消费的需求。识字工人也是新闻媒体的受众,而新出现的画报和电影也面向未受过教育的工人。在早期现代化时期, 圣地亚哥和阿空加瓜两省聚居了智利 3/5 的工商业中产阶级、自由职业者、制造业工人和交通运输业工人,是全国的文化中心。

二、现代教育的促进

智利政府在早期现代化时期大力发展现代教育, 提高了国民的知识水平,为世俗文化的发展创造了必要条件。

智利政府积极发展以初等教育为核心的现代教育事业。一是完善教育

---

① See Carlos Hurtado Ruiz-Tagle, *Concentración de población y desarrollo económico:el caso Chileno*,Santiago de Chile:Universidad de Chile,1966,p.146.

② See Dirección General de Estadística, *Resultados del X Censo de la Población:efectuado el 27 de noviembre de 1930 y estadísticas comparativas con Censos anteriores*,Volumen Ⅲ,p.Ⅵ,p.Ⅷ,Santiago de Chile:Imprenta Universo,1935,pp.13–14.

立法。 从 1900 年开始,智利的进步议员和教育家积极推动政府颁布初等义务教育法,但遭到保守派和天主教会的抵制,到 1920 年才由胡安·路易斯·圣富恩特斯(Juan Luis Sanfuentes,1915—1920 年执政)政府颁布了这项法律,涵盖 7 岁到 13 岁的儿童,其主旨精神被写入 1925 年宪法。①伊瓦涅斯政府通过立法规范了国家的各级教育制度,并加强了对职业教育的重视。 二是培养师资。巴尔马赛达政府在 1889 年创办了智利大学教育学院,引进普鲁士教育体制,与师范学校一起培养师资。1885—1907 年,智利全国的教师数量由 2845 人增长到 6947 人,1920 年达到了 12426 人,1930 年增长至 16770,其中女教师的比重在 2/3 左右。②三是增加教育预算。扣除物价因素,智利的教育预算在 1900—1920 年间增长了 3.7 倍。伊瓦涅斯上台后,智利政府继续增加教育投入,1930 年的教育预算较 1925 年翻了一番。③四是建立公立学校。1880—1901 年,智利的学校数量由 1025 所增加到的 2159 所,翻了一番,其中公立学校的数量由 620 所增加到 1700 所,增长了将近 1.8 倍。④此后,公立学校的数量继续增长,其注册学生数在 1928 年达到了 52.5 万人,较 1900 年增长了将近 5 倍。⑤

随着国民教育事业的发展,智利民众的知识水平不断提高。1875 年,智

①　See Fernando Campos Harriet, *Desarrollo educacional, 1810-1960*, Santiago de Chile: Editorial Andres Bello, 1960, pp.28-37.

②　See La Oficina Central de Estadística, *Sesto Censo Jeneral de la Población de Chile: levantado el 26 de noviembre de 1885*, Tomo Ⅱ, p.455. Comisión Central del Censo, *Memoria presentada al Supremo Gobierno por la Comisión Central del Censo*, p.1300. Dirección General de Estadística, *Resultados del X Censo de la Población: efectuado el 27 de noviembre de 1930 y estadísticas comparativas con Censos anteriores*, Volumen Ⅲ, Santiago de Chile: Imprenta Universo, 1935, p.XⅦ.

③　See Amanda Labarca Hubertson, *Historia de la enseñanza en Chile*, Santiago de Chile: Imprenta Universitdria, 1939, p.275.

④　See Fernando Campos Harriet, *Desarrollo educacional, 1810-1960*, Santiago de Chile: Editorial Andres Bello, 1960, p.31.

⑤　See Amanda Labarca Hubertson, *Historia de la enseñanza en Chile*, Santiago de Chile: Imprenta Universitdria, 1939, pp.290-291.

利有 208 万人口,但识字率仅有 22.9%,即每 10 个人中就至少有 7 个是文盲。随着公共教育的发展,具有文化知识的人口比重不断增加。1907 年,智利的人口增长到 323 万人,已经有 40% 的人具有读写能力,这一比重在 1920 年提高到 50%。1930 年,智利的人口接近 430 万人,但人口识字率提高到了 54%,文盲的比重已经减少到总人口的一半以内。①城市的教育事业发展很快,但乡村也出现了文化气息。初等义务教育法规定,如果乡村地区缺少学校,农民要将子女送往临近地区就学,并且禁止工厂雇佣未完成小学教育的 16 岁以下青年。②政府也要求大庄园主创办小学,以保障劳役佃农子弟得到教育,但乡村的教育水平仍然非常落后,不仅缺少师资和学校,而且地方政府未能有效贯彻初等义务教育法。随着经济的发展,职业教育开始受到重视,政府资助制造业发展协会开设工业学校和培养技术人才。由于政府推行世俗化改革,天主教会失去了对公立教育的影响,但依然在私立教育领域发挥着重要作用,创办了天主教大学和许多教区学校。普及教育不仅有助于中下层民众改善经济和社会地位,还促进了文化事业的发展,如报刊不再被上层权贵所垄断,中产阶级和工人阶级组织发行了大量面向普通民众的报刊。

智利女性获得了各级教育的权利,冲击了传统的性别关系。19 世纪 70 年代之前,智利女性仅享有初等教育和师范教育的权利。在国民教育部长米格尔·路易斯·阿穆纳特吉(Miguel Luis Amunátegui)的推动下,智利政府于 1877 年向女性开放了中等教育和高等教育,并授予女性参加职业考试和获得职业资格的权利。此后,智利出现了拉美历史上的首位女医学学士(1886 年)和女法学学士(1892 年),她们均获得了各自领域的职业资格。教育学院

---

① See Amanda Labarca Hubertson, *Historia de la enseñanza en Chile*, Santiago de Chile: Imprenta Universitdria, 1939, p.276.

② See Fernando Campos Harriet, *Desarrollo educacional, 1810–1960*, Santiago de Chile: Editorial Andres Bello, 1960, p.37.

还实行男女合校制,并推广至全国。随着知识水平的不断提高,女性在国家经济和社会生活中的作用也越来越大。1920 年,智利女性自由职业者的数量达到 11270 人,占总数的 53%,1930 年增长到 14702 人,所占比重接近 54%。[1]
现代教育增强了智利妇女的权利意识,使其开始摆脱父权和夫权的束缚。1915 年,圣地亚哥的中上层知识女性成立了读书会,拥有 300 名会员,其发起人阿曼达·拉瓦尔卡·乌韦特松(Amanda Labarca Hubertson)是智利女权主义运动的先驱。次年,上层妇女成立了女士俱乐部,发行期刊《女性之声》(Voz Femenina),举办各类讲座,组织招待会,还为下层妇女开办缝纫和烹饪课程。此后,妇女组织的数量增多,1921—1922 年还出现了两个为时不长的妇女政党。他们创办报刊,就妇女的民事权利和选举权问题展开讨论,呼吁政府改革民法和宪法。[2] 1925 年,智利妇女获得了部分财产权,次年获得了市政选举权,标志其社会地位的提高。同一时期,智利社会还就离婚法问题展开了讨论,招致天主教会的激烈反对。

三、世俗化改革的作用

智利政府在早期现代化时期进行了世俗化改革,废除了天主教会的民政管理特权和国教地位。

圣马利亚政府通过立法剥夺了天主教会的民政管理权力。在 19 世纪 80 年代之前,智利的婚姻家庭法一直是天主教会法垄断的领域,不仅削弱了政

---

[1]　See Dirección General de Estadística, *Resultados del X Censo de la Población: efectuado el 27 de noviembre de 1930 y estadísticas comparativas con Censos anteriores*, Volumen Ⅲ, Santiago de Chile: Imprenta Universo, 1935, p.Ⅷ.

[2]　See Asunción Lavrin, *Mujeres, Feminismo y cambio social en Argentina, Chile y Uruguay 1890–1940*, Traducción de María Teresa Escobar Budge, Santiago de Chile: Dirección de Bibliotecas Archivos y Museos, 2005, pp.361–373.

府的民政管理职能，而且教会确立的婚姻与家庭准则导致非婚生子增多和男女不平等问题。教会垄断着公墓的使用权，排斥其他信仰者。圣马利亚总统上台后，积极推动民法领域的世俗化改革，在 1883 年公布了改革纲领：取消教会登记出生和死亡的管理权，将此项权力移交国家；实行不举行宗教仪式的婚姻；保证信仰自由；允许各种宗教信仰的死者在当时由天主教控制且仅供天主教徒使用的公墓安葬。[1]时任内政部长的巴尔马赛达推动了世俗化立法，并依靠代表官方意志的国会议员通过了这些法令。但是天主教会发动信徒表达对政府的不满，并拒绝执行相关法律，导致政府强制关闭了天主教的墓地并禁止在教堂内举行葬礼。

　　1925 年的宪政改革废除了天主教的国教地位。20 世纪初，天主教会仍然是智利保守寡头集团的精神支柱，阻挠中产阶级和激进党实施世俗的义务教育改革，使国会迟至 1920 年才通过初等义务教育法。智利政府在 19 世纪认可了信仰自由，但并未通过修宪废除天主教的国教地位。1925 年宪政改革最终实现了政教分离，新宪法第二条规定，"宪法保障一切信仰的自由、思想的自由和举行一切不违背道德、良好风俗习惯或公共秩序的宗教仪式的自由"，从而废除了天主教的国教地位。但是政府也做出了让步，如宪法保障天主教会的财产权，教堂及其附属设施享有税收豁免权。而且政府每年要向天主教会拨付 250 万比索的财政补贴，为期 5 年，以示补偿。[2]尽管如此，智利政府以温和的方式完成了世俗化改革，既保障了公民的宗教信仰自由，也完善了自身的民政管理职能。与国家分离后的天主教会也逐渐由保守转向进步，通过关注底层民众、倡导改良主义和兴办教育的方式应对世俗化的冲击，天主教大学也实行人文教育和科学教育并重的举措。

---

① 参见[英]哈罗德·布莱克莫尔：《智利——从太平洋战争到世界大萧条(1880—1930)》，载[英]莱斯利·贝瑟尔主编：《剑桥拉丁美洲史》(第五卷)，胡毓鼎等译，社会科学文献出版社，1992 年，第 510 页。

② See Constitución de 1925, http://www.bcn.cl/lc/cpolitica/1925.pdf.

第二节 大众文化的兴起

早期现代化丰富了智利民众的文化生活，城市中产阶级推动了世俗大众文化的传播，冲击了传统的价值观念和伦理关系。

一、电影艺术的传播

20世纪初，智利的电影业兴起，不仅改变了城市的文化格局，而且传播了现代生活理念。

智利电影业在早期现代化时期兴起，但进口电影主导了国内市场。1895年12月28日，法国的卢米埃尔兄弟在巴黎卡普辛路大咖啡馆的地下室公开放映10部短片，正式标志着电影时代的来临。次年，智利的观众就欣赏到了这种新的视觉艺术。智利的第一部国产影片出现于1902年5月，是反映瓦尔帕莱索消防队的纪录短片，第一部长片——《曼努埃尔·罗德里格斯》于1910年放映，讲述智利独立战争的传奇英雄罗德里格斯的故事。意大利摄影师萨尔瓦多·詹巴斯蒂亚尼（Salvador Giambastiani）于1915年移民智利，推动了智利电影业的发展。1910—1931年，智利建立了一些小规模的电影公司，共拍摄了78部长片电影，其中1925年的产量最高，为15部，均为无声电影。[①]总体而言，该时期智利国产电影的技术水平不高，主要以模仿国外作品为主，国内市场基本被进口电影所占据。一战之前，智利国内电影市场规模较小，主要进口法国电影。20世纪20年代，美国好莱坞电影大量涌入智利，

---

① See Alicia Vega, *Re-visión del cine chileno*, Santiago de Chile: Editorial Aconcagua, 1979, pp. 21–29.

电影业巨头派拉蒙公司还在圣地亚哥设立了办事处,从而主导了已经颇具规模的智利市场。1930 年,美国影片占智利放映电影总数的 90%,1932 年则达到了 98%,是美国在拉美的第六大电影市场。①

电影改变了智利的城市文化格局,传播了现代生活理念。19 世纪,智利的城市文化中心是教堂和剧院,前者是天主教会布道的场所,后者则被上层权贵所垄断。到了 20 世纪初,电影院开始崛起,成为具有世俗性与大众性的文化中心。电影院集中在工商业中心城市,以圣地亚哥的帝国影院和瓦尔帕莱索的明星影院最为著名,圣地亚哥在 1922 年有 23 家电影院,到 1935 年已增加到 40 家。电影在边远城市的影响也很大,蓬塔阿雷纳斯在 1919 年有 3 家影院,同年安托法加斯塔有 5 家影院,其中 4 家拥有 1200~1500 个座位。电影的放映时间分为 17:30、18:30 和 21:30,票价在 1~3 比索。②电影通过大众媒体扩大其社会影响,当时智利出现了许多电影杂志,而传统报刊也增加了电影报道的版面,并聘请专业人士担任通讯员。电影艺术冲击了处于转型时期的智利社会,影响了普通民众的文化心理。好莱坞电影通过明星效应取得成功,向智利观众展现了个性张扬的现代人物形象,助长了青年人的逆反心理。电影中的自由女性形象触动了智利保守的性别观念,一些女孩子甚至模仿起时髦女郎。因此,当时智利社会就电影的道德影响展开了讨论,保守舆论斥责电影对青年人的毒害,推动政府在 1925 年成立了电影审查委员会。

二、现代交谊舞的流行

现代交谊舞丰富了智利人的娱乐生活,同时也挑战了传统的家长制权威。

---

① See Stefan Rinke, *Cultura de masas, reforma y nacionalismo en Chile*, 1910-1931, Santiago de Chile: Dirección de Bibliotecas, Archivos y Museos, 2002, p.61.

② Ibid., pp.61-63.

　　现代交谊舞在20世纪初传入智利，并通过夜总会流行开来。在19世纪，智利的交谊舞会尚不普及，主要限于家庭舞会，并且受到物质条件和保守观念的限制。①到了20世纪初，电力照明在智利的大城市中普及，繁荣了夜间娱乐生活，以新式舞蹈和音乐为标志的现代交谊舞开始传播。但在一战之前，这种开放的舞会尚不被智利主流社会所认同，大部分酒吧也不敢贸然经营新的娱乐项目。到了20世纪20年代，智利的休闲娱乐企业在大城市中建立了许多舞厅，圣地亚哥的班德拉大街还出现了夜总会。这些新式娱乐场所演奏本土的或外国的伴舞音乐，美国的爵士乐尤其受到欢迎，查尔斯顿舞、希迷舞等外国新式舞蹈也非常流行。夜间娱乐生活风靡圣地亚哥，迫使当地政府在1928年考虑制定限制夜总会营业时间的政策，以解决扰民问题。但这并未妨碍交谊舞会的流行，许多民众甚至在国庆日跳希迷舞。

　　现代交谊舞影响了新一代青年人，挑战了传统的家长制权威。现代交谊舞在青年人中最为流行，改变了他们的社交方式。在20世纪20年代，智利的中产阶级青年以会跳查尔斯顿舞和希迷舞为荣。配以爵士乐的现代交谊舞自由、奔放，与庄重、规范的传统美学发生了冲突，受到保守舆论的批评。更为重要的是，青年人通过交谊舞张扬了个性，挑战了家长制的权威。青年男女通过结交舞伴谈情说爱，削弱了父母监督子女交往的权力，女孩子出现在开放的舞厅更是冲击了保守的性别观念。当时的家长对交谊舞会进行了限制，如不同意男女青年随机结伴跳舞。爵士乐随着现代交谊舞传入，并通过广播和电影两种新媒介进行传播。1923年，智利建立了首个广播电台，1931年圣地亚哥大约有1万~1.5万台收音机，本土电台播放各种现代音乐。一些外国音乐家，如美国的爵士乐作曲家爱德华·肯尼迪·埃灵顿（Edward Kennedy Ellington）进入智利公众的视野，当时还出现了爵士乐俱乐部。受到

---

① 参见［智利］布莱斯特·加纳：《马丁·里瓦斯》，赵德明译，北京大学出版社，1981年，第72~83页。

爵士乐影响的智利青年身着休闲装,轻视本土文化,并且反叛权威,被称作"爵士青年"(chiquillo Jazz)。①

三、竞技体育的发展

以足球和拳击为代表的竞技体育在智利得到发展，培养了现代竞争和协作精神。

外国移民将竞技体育带到智利,并在本土民众中获得普及。19世纪末至20世纪初,外国移民将各种体育项目带到智利,并建立了智利最早的体育俱乐部。20世纪20年代,智利的大城市中都建立了体育俱乐部,涵盖足球、游泳、网球、马术和高尔夫球等项目。当时最受大众欢迎的体育项目是足球和拳击,前者由英国移民在1880年带来,后者在20世纪初从美国引进。1910年,智利国家足球队成立,参加各种国际比赛,还在1930年的乌拉圭世界杯上击败了法国队。1920年,智利足球协会拥有2.65万会员,是当时拉美最大的全国性足球组织。许多省份都成立了青少年职业足球队,著名的有伊基克永盖足球俱乐部二队、康塞普西翁科克伦勋爵一队、兰卡瓜奥伊金斯儿童队、科皮亚波师范学院竞技俱乐部、奇廉足球俱乐部一队,等等。拳击在智利非常受欢迎,本国选手赴美国学习,回国后成立了拳击俱乐部,到1910年已经涌现出了两位南美拳击冠军。为了提高竞技水平,智利拳击联盟于1915年成立,一战后则建立了许多向公众开放的拳击运动中心。智利民众可以通过报刊了解体育新闻,或收听电台的比赛直播。

竞技体育丰富了智利青少年的集体活动,培养了现代竞争和协作精神。

---

① See Stefan Rinke, *Cultura de masas, reforma y nacionalismo en Chile, 1910-1931*, Santiago de Chile: Direccion de Bibliotecas, Archivos y Museos, 2002, pp.48-52.

与好莱坞电影和交谊舞相比,竞技体育在智利得到了更多的社会认同。智利成年人并不抵制竞技体育,而是将其视为增强青少年纪律性和责任心的重要手段。虽然拳击属于外来运动,但智利民众逐渐将其视为"民族体育",认为其更加契合智利民族的勇敢性格。拳击联盟还认为,拳击运动可以缓解工人子弟的犯罪和酗酒压力。一些本土选手,如路易斯·维琴蒂尼(Luis Vicentini)和埃斯塔尼斯劳·洛艾萨(Estanislao Loayza)赴美国参加职业比赛,获得成功后受到国内民众的推崇,并进一步普及了这项运动。其他项目的杰出运动员也受到智利民众的关注,激发了青年人参加体育运动的热情。社会组织也利用体育运动培养青少年的集体责任感,如童子军和基督教青年会组织青少年开展体育活动,并吸收女性参加,得到了当时智利社会的认可。①

小　结

智利的文化变迁是多种因素综合作用的结果。早期工业化、矿业和商业发展给智利社会带来了巨大的物质进步,冲击了普通民众的文化心理,人们开始追求更加丰富的精神文化生活,并在日趋便利的文化交流中实现了本土文化的世俗化与多元化。在工商业发展的推动下,智利实现了由传统乡村社会向现代城市社会的初步转变,以中产阶级为主体的城市世俗文化消费群体形成。智利政府在早期现代化时期大力发展现代教育,提高了国民的知识水平,为世俗文化的发展创造了必要条件。圣马里亚政府通过世俗化改革剥夺了天主教会的民政管理权力,1925年的宪政改革实现了政教分离,从而

---

① See Stefan Rinke, *Cultura de masas, reforma y nacionalismo en Chile, 1910-1931*, Santiago de Chile: Direccion de Bibliotecas, Archivos y Museos, 2002, pp.52-58.

废除了天主教的文化特权地位。以电影、现代交谊舞和竞技体育为代表的世俗大众文化传入智利,进一步改变了由天主教所主导的传统价值体系。

文化世俗化对智利的社会发展产生了积极影响。一是冲击了寡头权贵的文化特权地位。土地寡头在 19 世纪掌握了文化话语权,用天主教伦理约束普通民众。现代教育的发展与文化观念的革新起到了"开民智"的作用,新兴社会阶层开始用现代文化诠释自己的价值,并将其作为改变传统社会秩序的重要武器。二是挑战了传统的家长制权威。大众文化和传媒展现了个性张扬的现代人物形象,对青少年起到了示范作用,挑战了天主教伦理所强调的家长制权威。三是触动了传统的性别关系。大众文化塑造了自由女性的形象,并扩大了女性的社会活动范围,冲击了传统观念对女性的束缚。受过教育的女性开始用知识改变自己的命运,通过获取职业资格争取经济独立,并积极维护自身的民事和政治权利。四是推动了天主教会由保守向进步的转变。世俗化改革实现了政教分离,疏远了天主教会与寡头集团保守派的关系。同时,为了应对世俗化的冲击和吸引底层民众,教会开始支持社会立法、倡导改良主义和兴办现代教育,由此发挥了进步作用。

结　语

一、智利早期现代化的进步与局限

智利早期现代化孕育了以现代工矿业为代表的新生产力，并推动了社会结构、政治制度和文化思潮的整体变迁，为智利的整个现代化进程奠定了基础。

硝石出口繁荣扩大了国内市场并增加了政府投资，进而推动了智利早期现代化进程。1880—1924 年，硝石及其副产品碘的出口收入中的 33% 以关税的形式支付给智利政府，还有 1/3 用于生产投入，以支付本地产品和劳务的形式留在智利，剩下的 1/3 大部分为外资硝石公司获得，但智利本土的硝石企业也获得很多收益。[①]硝石出口收入是智利平衡国际收支的主要资源，为工业原料与资本品的进口提供了保障。硝石矿工的工资是当时智利劳工

---

① See Carmen Cariola Sutter y Osvaldo Sunkel, *La historia económica de Chile, 1830-1930: dos ensayos y una bibliografía*, Madrid: Ediciones Cultura Hispánica del Instituto de Cooperción Iberoamericana, 1982, p.89.

阶层中最高的,其数量在 20 世纪初保持在 5 万人左右,大量消费国内生产的食品、酒、饮料、香烟和鞋等非耐用工业品。中南部地区的粮食、牲畜、水果干、干草料和木材等农产品也大量销往硝石矿区,刺激了内向型农业的发展。1880—1924 年,硝石及其副产品碘的出口税在智利政府日常收入中的比重约为 42%,最高年份超过了 60%。[①]智利政府利用硝石税收投资公共工程,完善国内的交通运输体系和城市公用设施,并扩大政府机构和发展公立教育,推动了早期现代化时期智利的经济和社会发展。

智利的早期工业化持续了半个世纪,初步建立了以非耐用消费品生产为主体的工业体系。太平洋战争之后,智利的早期工业发展思想演变成一股社会思潮,推动政府扶持工业和民众创办实业,同时外国移民带来了资本和技术,国内市场的规模也逐渐扩大,使智利在 19 世纪末出现了创办工厂的热潮,以啤酒、皮革、食糖和面粉等行业为主。20 世纪前 20 年,智利工业部门的种类增多,扩大到整个非耐用消费品部门,水泥、玻璃、化学品等中间产品生产也获得较快发展,并且出现了一批垄断国内市场的大企业。20 世纪 20 年代,智利工业部门继续增长并开启了电气化进程,基本实现了非耐用消费品的进口替代。在早期现代化结束时,智利现代制造业和手工业部门的经济活动人口已达到 20 万人,占全部经济活动人口的 1/6。[②]工业产值约占国内生产总值的 10%,建立了以联合啤酒公司、比尼亚德尔马糖厂、智利烟草公司、托梅毛纺公司、工业公司和梅隆水泥公司为代表的大型工业企业,并成立了代表工业利益集团的制造业发展协会。初创的工业部门具备了一定的

---

① See Carmen Cariola Sutter y Osvaldo Sunkel, *La historia económica de Chile, 1830–1930: dos ensayos y una bibliografia*, Madrid: Ediciones Cultura Hispanica del Instituto de Coopercion Iberoamericana, 1982, p.138.

② See Dirección General de Estadística, *Resultados del X Censo de la Población: efectuado el 27 de noviembre de 1930 y estadísticas comparativas con Censos anteriores*, Volumen Ⅲ, Santiago de Chile: Imprenta Universo, 1935, pp.1–18.

自主发展能力,是受大萧条冲击最小的经济部门,其原有产能的扩张是智利进口替代工业化的重要动力。在早期工业化时期,智利形成了相对完善的铁路网、港口设施和通讯体系,并开启了电气化进程,这些基础设施也在进口替代工业化时期发挥了重要作用。

农业部门开启了现代化进程,实现了生产率的较快增长。从 19 世纪 80 年代开始,智利的土地所有制结构进行了调整。人口和经济压力推动中央谷地大地产的分割,5000 公顷以上的特大庄园比重减少,1000~5000 公顷的一般大庄园数量增加,在一定程度上提高了土地的利用效率,并促进了农业的专业化生产。200~1000 公顷的中小庄园和 51~200 公顷的小地产实现了集约化生产,成为重要的商品农业生产单位,21~50 公顷的小农也向城市供应粮食、蔬菜和水果。乡村劳动力出现了工资化趋势,传统的劳役佃农制度开始松弛。1907 年,智利全国的农业雇工数量增长至 23.9 万余人,是劳役佃农(16 万余人)的 1.5 倍。[1]到了 1930 年,智利的农业雇工超过了 24 万人,而劳役佃农减少到了 10.5 万人,雇佣劳动力在农业经济活动人口中的比重接近70%。[2]硝石出口繁荣、城市化和工业化推动了内向型农业的增长,农产品结构和生产区域趋于多样化。1928—1932 年,智利的农牧业总产值较 1910—1912 年增长了 70%,葡萄酒、牲畜、牛奶和羊毛等产品的增长快于传统的粮食作物,农业的单位产量、生产率和机械化水平都有所提高。[3]中央谷地降低了粮食作物的生产比重,大幅增加葡萄酒和牛奶等产品的生产。南方的农业拓殖使边疆的人口增多,形成了以阿劳卡尼亚为中心的粮食主产区和以麦

---

① See José Bengoa, *Historia social de la agricultura chilena*, Santiago de Chile: Editorial Universitaria 1988, p.216.

② See Dirección General de Estadística, *Resultados del X Censo de la Población: efectuado el 27 de noviembre de 1930 y estadísticas comparativas con Censos anteriores*, Volumen Ⅲ, Santiago de Chile: Imprenta Universo, 1935, p.Ⅵ.

③ See Marto Ballesteros, Desarrollo Agrícola Chileno, 1910-1955, *Cuadernos de Economia*, Vol.2, No.5, 1965, pp.12-13, p.36.

哲伦地区为中心的畜牧业生产基地。农业生产的增幅高于人口增长率,支持了工业化与城市化进程。

　　早期城市化改变了智利的社会结构,以中产阶级和工人阶级为主体的城市社会初步形成。城乡人口结构改变,1875—1930年,智利城市人口的年均增长率约为2.5%,2万人以上的中心城市由2座增加到15座,5000至2万人口之间的城市由19座增加到39座,1000至5000人的城镇由92座增加到162座,城市人口在全国人口中的比重由26%上升至48%,奠定了以圣地亚哥-瓦尔帕莱索、康塞普西翁-边境区为核心的现代城市地理格局。[①]城市是智利现代经济体系的枢纽,同时还发挥着行政管理和文化教育的职能,孕育了现代中产阶级和工人阶级,前者以企业白领雇员、自由职业者和政府雇员为主体,后者主要包括制造业工人、矿业工人和交通运输业工人。1930年,智利的矿业、工业、商业、航运业、交通业、政府机构和自由职业7个部门的白领雇员和工人合计达到47.9万人,占全部经济活动人口的38.6%和非农业部门经济活动人口的65.2%,其中大约有2/3分布在圣地亚哥和阿空加瓜两个省。[②]

　　在政治上,寡头政治制度结束,现代民主制初步建立。20世纪初,中产阶级不断加入和支持激进党,使之由传统的寡头政党转型为中间政党。代表工人阶级的社会主义工人党于1912年成立,并在1922年改组为智利共产党。新兴社会阶层及其政党的崛起改变了由土地寡头所主导的政治格局,具有

---

　　① See Dirección General de Estadística, *Censo de población de la República de Chile:levantado el 15 de diciembre de 1920*, Santiago de Chile:Sociedad Imprenta y Litografía Universo, 1925, p.104. Dirección General de Estadística, *Resultados del X Censo de la Población:efectuado el 27 de noviembre de 1930 y estadísticas comparativas con Censos anteriores*, Volumen Ⅰ, Santiago de Chile:Imprenta Universo, 1935, p.50.

　　② See Dirección General de Estadística, *Resultados del X Censo de la Población:efectuado el 27 de noviembre de 1930 y estadísticas comparativas con Censos anteriores*, Volumen Ⅲ, Santiago de Chile:Imprenta Universo, 1935, pp.Ⅵ-Ⅻ.

早期民众主义色彩的亚历山德里赢得了 1920 年总统选举。亚历山德里上台后着手进行改革,但因国会的阻挠而陷入困境,代表中产阶级利益的中下级军官于 1924 年强制进行了社会立法。在各阶层的支持下,亚历山德里领导了 1925 年的宪政改革,用一部民主的宪法取代了实行 90 多年的 1833 年宪法,将中产阶级和工人阶级纳入宪政框架,在制度层面终结了寡头政治。1927—1931 年,伊瓦涅斯建立起具有改良主义特征的威权主义政权,清除寡头势力,任用技术专家治国,实施积极的经济发展政策,保护和扶持民族产业,并进行了土改尝试和劳工立法。1932 年年底,智利正式实施 1925 年宪法所确立的宪政民主制度,并形成了具有妥协精神的现代政党体制。

在文化方面,现代教育得到较快发展,传统文化实现了世俗化。智利政府大力兴办公立学校,通过教育学院和师范学校培养师资,使公立学校的注册学生数由 1875 年的 6 万余人增长到 1928 年的 52.5 万人,国民的识字率由 1875 年的 22.9% 提高到 1930 年的 54%。[①]初等义务教育法于 1920 年颁布,其主旨精神被写入 1925 年宪法。智利政府还于 1877 年向女性开放了中等教育和高等教育,并授予女性参加职业考试和获取职业资格的权利。此后,智利出现了拉美历史上的首位女医学学士(1886 年)和女法学学士(1892 年),她们均获得了各自领域的职业资格。圣马里亚政府通过世俗化改革剥夺了天主教会的民政管理权力,1925 年的宪政改革实现了政教分离,从而废除了天主教会的文化特权地位。物质进步丰富了智利民众的精神文化生活,冲击了由天主教所主导的传统价值体系。以电影、现代交谊舞和竞技体育为代表的世俗大众文化传入智利,挑战了天主教伦理所强调的家长制权威和男女不平等观念。新兴社会阶层开始用现代文化诠释自己的价值,并将其作

---

①　See Amanda Labarca Hubertson, *Historia de la enseñanza en Chile*, Santiago de Chile: Imprenta Universitdria, 1939, p.276, pp.290–291.

为改变传统社会秩序的重要武器。

智利早期现代化是由初级产品出口带动的现代化,具有外源性和依附性的特征,其现代化水平不宜高估。由于受到资本主义国际经济体系和传统制度遗产的羁绊,由此存在诸多局限性。

第一,智利国内经济容易受到周期性国际收支危机的影响。智利工业部门依赖原料和资本品进口,而进口所需的外汇主要由硝石出口部门提供。一战爆发初期,智利的硝石出口锐减,导致原料和资本品的进口减少,工业产值也随之下降,到 1917 年才恢复至战前的水平。1921 年和 1922 年,智利硝石业再次陷入萧条,矿业工人大量失业,波及依赖矿区市场的工农业部门。

第二,私人工业资本的形成率较低,工业结构相对单一。智利的工业企业家受到传统价值观的羁绊,通过购买大地产融入土地权贵,或者将工业利润用于投机或消费,从而导致工业资本积累不足。工业生产集中于投资少、风险小的非耐用消费品部门,中间产品和资本品生产部门发展滞后。

第三,大庄园制依然根深蒂固,阻碍农业生产率的提高和国内市场的扩大。虽然 1925 年宪法提出了土地改革理念,但智利政府将经济和社会改革局限于城市,仅出现了不触动大庄园制的土改尝试。乡村雇工和劳役佃农没有获得组织工会的权利,并被排斥在国家的社会保障体系之外。其实际工资因通胀而减少,小农则因地产分割而陷于贫困,难以刺激国内工业生产。

第四,城市化的速度快于工业化,加剧了社会分化。大机器工业体系尚未形成,制造业工人的规模较小且相对分散,小手工业者在非耐用消费品生产部门中处于主导地位。小商贩、佣人和洗衣工等传统劳动者在城市经济活动人口中的比重很大,他们缺乏基本的住房、教育和医疗保障,沦为社会的边缘群体。

第五,政治改革滞后于经济社会发展。智利在 19 世纪末就出现了现代化导致的社会问题,但议会共和国削弱了政府的公共管理职能,土地寡头在国会内陷入政治纷争,而搁置关系国家长远发展的改革议案。直到 1925 年,亚历山德里的宪政改革才结束制约国家发展的政治制度危机。

二、大萧条与智利现代化模式的转变

大萧条冲击了智利的初级产品出口模式,进而导致其早期现代化进程的结束,并开启了由政府所主导的进口替代工业化进程。

(一)大萧条与早期现代化危机

大萧条重创了智利的硝石出口部门,进而影响了整个国民经济体系,结束了由初级产品出口所主导的早期现代化进程。

在大萧条的冲击下,持续了半个世纪的智利硝石出口经济崩溃。1929 年 10 月,纽约股票市场崩盘,继金融崩溃之后出现的是生产和贸易的崩溃,全球经济陷入长期的萧条。危机重创了以硝石产业为主体的智利出口部门,硝石和铜的出口值由 1927—1929 年的年均 16.74 亿金比索跌至 1932 年的 1.83 亿金比索,降幅达到 89%。受其影响,智利的出口贸易陷入萧条。1929 年,智利的出口值为 22.93 亿金比索,次年降至 13.26 亿金比索,1931 年进一步缩减至 8.24 亿金比索,1932 年跌至 2.82 亿金比索, 仅为 1929 年的 12.3%。随着出口值的锐减,进口贸易也遭受重创。1929—1932 年,智利的进口值由 16.17 亿金比索降至 2.14 亿金比索,减少了 86.8%。[①] 1933 年,国际联盟出版的《世界经济概览》将智利列为贸易衰退最严重的国家。[②]硝石出口导致国际收支危机,使智利政府失去了偿还债务的能力。其积欠的外债额在

[①]　See P. T. Ellsworth, *Chile: an Economy in Transition*, New York: The Macmillan Company, 1945, p.6.

[②]　See League of Nations, *World Economic Survey*, 1932–1933, Geneva, 1933, p.214.

1932年为6077万英镑，人均外债额为13.5英镑，同年的内债总额达到了14.2亿比索。[①]

硝石出口危机波及国内经济部门，智利经济陷入全面萧条。矿业工人的数量由1929年的9万余人减少到1931年的3万余人，使国内农产品失去了矿区市场。出口税收锐减，而需要偿付的外债增多，迫使政府削减了公共工程投资，使得建筑业陷于凋敝。进口能力下降导致原料和资本品的进口减少，冲击了国内的工业生产。硝石业和航运业的股票大跌，加速了国内资本市场的崩溃。1930—1932年，智利的国内生产总值持续负增长，分别为-17.07%，-22.99%和-17.42%。[②] 1929—1932年，智利的农业产值下降了15.5%，矿业下降了73.7%，制造业下降了22.5%，建筑业下降了56.1%。[③]由于各个经济部门均受到了冲击，智利的失业人数大幅增加。1931年，官方估计的失业人数在8万人到12.5万人之间。1932年6月，将近25万人处于失业状态，到该年年底，失业人数已达到32.5万人，约为劳动力总数的1/3。[④]

伊瓦涅斯政府的经济政策失当，加剧了经济和社会危机。伊瓦涅斯政府采取正统的经济政策应对危机，筹措短期贷款偿还旧债，削减公共开支，并动用黄金储备平衡国际收支。上述政策导致通货紧缩，加剧了经济萧条。同时，政府将经济复苏的希望寄托于硝石产业，与古根海姆公司联合组建了智

① See Andrés Sanfuentes, La deuda pública externa de Chile entre 1818 y 1935, *Notas Tecnicas CIEPLAD*, No.96, Marzo de 1987, pp.55-56.

② See Juan Braun, et al., *Economía chilena 1810-1995: estadísticas históricas*, Santiago de Chile: Pontificia Universidad Católica de Chile, 2000, p.23.

③ See Cabriel Palma, Chile 1914-1935: De economia exportadore a sustitutiva de importaciones, Coleccion Estudios CIEPLAN, No.81, Marzo de 1984, p.77.

④ See Michael Monteón, *Chile and the Great Depression: The Politics of Underdevelopment. 1927-1948*, Tempe: Center for Latin American Studies Press of Arizona State University, 1998, pp.65-66.

利硝石公司。政府以硝石出口税入股,并转让国有硝石矿床的开采权。[①]也就是说,伊瓦涅斯政府放弃征收硝石出口税,这不仅加重了政府的财政负担,还遭到了国内舆论的普遍反对。1930 年 6 月,新组建的智利硝石公司派代表赴巴黎缔结欧洲氮工业协议,希望通过国际合作缓解危机,但世界市场的饱和使得该协议在 1931 年 6 月解体。[②]经济危机导致政治动荡,1931 年 7 月,内阁频繁重组,中产阶级进行了游行示威,迫使伊瓦涅斯于当年 7 月 26 日辞职。在此后的 18 个月里,智利更换了不下 9 届政府,出现了仅存在 12 天的"社会主义共和国"。1932 年年底,亚历山德里开始第二次执政(1932—1938 年),恢复宪政和文人政治,智利政局趋于稳定。

(二)进口替代工业化的启动

大萧条颠覆了正统的经济理论和政策,智利政府开始对经济进行全面干预,启动了内向增长的进口替代工业化进程。

大萧条之后,智利政府强化对国民经济的干预。一是加大关税保护力度。在伊瓦涅斯的基础上,智利政府于 1933 年 3 月将关税税率提高 50%,次年改为用黄金支付的进口附加税(100%),随着比索贬值,这项附加税的税率在 1935 年提高至 300%。[③]此后,汽车及其零件、货车、轮胎等产品的税率又上调了 33.3%。二是实行外汇管制政策。1932 年 4 月,胡安·埃斯特万·蒙特罗(Juan Esteban Montero,1931 年—1932 年执政)政府成立了汇兑管制委员会,按官方汇率收购出口商的外汇,限制外资企业的利润汇出,受理进口商

---

① See Elisabeth Glaser-Schmidt,The Guggenheims and the Coming of the Great Depression in Chile,1923-1934,*Business and Economic History*,Vol.24,No.1(Feb. 1995),pp.176-185.

② See Michael Monteón,*Chile and the Great Depression:The Politics of Underdevelopment. 1927-1948*,Tempe:Center for Latin American Studies Press of Arizona State University,1998,p.33.

③ See P. T. Ellsworth,*Chile:an Economy in Transition*,New York:The Macmillan Company,1945,p.50.

的购汇申请。此后,智利政府还实行进口配给和许可制度,作为外汇管制政策的补充。三是进行食品价格管制。"社会主义共和国"(1932 年 6 月)设立了生活必需品与价格委员会,控制主要食品的价格。亚历山德里政府继续实行这一政策,将主要食品的利润限定在 15%~35%。①

上述经济政策有效地保护了国内制造业,启动了智利的进口替代工业化进程。智利在 1928 年之前实行相对温和的关税保护政策,1928—1932 年转变为高关税政策,1933 年之后则形成关税壁垒,有效地抑制了进口,刺激了国内工业增长。外汇管制政策导致智利出现了多重汇率,变相提高了进口商品的价格,也起到了抑制进口的作用。汇兑管制委员会决定进口产品的范围,将收购的外汇优先用于工业原料和资本品进口,扶持了国内制造业的发展。食品价格管制政策压低了农产品价格,而工业品的价格却在不断上涨,从而形成了有利于工业发展的"剪刀差"。为了完善民族工业体系,智利政府于 1939 年成立了生产开发公司,投资建立了国家电力公司、国家石油公司、太平洋钢铁公司和国家糖业公司等一大批企业,深入推进了进口替代工业化进程。生产开发公司被拉美经委会誉为"拉丁美洲的第一个此类机构",并"鼓舞了其他国家建立类似的组织"。②在上述政策的刺激下,智利的进口替代工业化水平不断提高。1925—1929 年,智利进口贸易中的消费品比重为43.9%,1934—1939 年降为 39.1%,1946—1951 年降至 30.1%,1952—1954年进一步减少到 25.1%。③

---

① See Simon Collier and William F. Sater, *A History of Chile, 1808−2002*, Second Edition, New York: Cambridge University Press, 2004, p.231.

② See Economic Commission for Latin America, *Economic Survey of Latin America 1949*, New York, 1951, p.265.

③ See Aníbal Pinto Santa Cruz, *Chile: un caso de desarrollo frustrado*, Santiago de Chile: Editorial Universitaria, 1959, p.116.

三、智利早期现代化的一致性和独特性

智利的早期现代化与拉美主要国家的早期现代化相比较，存在着某种程度的一致性，如动力来自初级产品出口的增长，主要特征是早期工业化与城市化，政治上出现了由乱到治、由专制向民主发展的趋势，文化领域也逐渐趋于世俗化。但是由于智利在地理环境、种族结构、发展机遇等方面与其他拉美国家存在差异，其早期现代化具有一定的独特性，主要表现在以下四个方面：

第一，智利政府实施了具有连贯性的关税保护和产业扶持政策。在早期现代化时期，拉美国家主要实行自由放任的经济政策，而智利政府先后在1897年、1916年、1921年和1928年颁布了关税保护法令，提高和国产工业品存在竞争的进口品关税率，降低或免除原料和资本品的进口关税率，还颁布了针对国内工业品的补贴法令。智利公共工程建设的最大投资者是政府而不是外国公司，国家修建和经营着全国的大多数铁路，而同时期拉美国家的铁路主要由外国资本所控制。智利政府还规定，公共工程建设优先采购国内工业产品，如国有铁路公司要使用国产机车。伊瓦涅斯政府建立了矿业信贷银行和工业信贷银行，为民族企业提供融资服务，并扶持民族航运业和保险业的发展。出现上述差别的原因在于，智利具有较强的自主发展意识和传统，其工业发展思想起源于巴斯克人的企业家传统和西班牙新重商主义，独立后受到美国和德国工业保护思想的影响，并在早期现代化时期成为一股社会思潮，从而以推动政府扶持工业和民众创办实业的形式加快了工业化进程。

第二，宪政制度在智利的政治转型过程中发挥了主导作用。20世纪初，拉美国家的政治转型大多伴随着暴力冲突和党派纷争。与之相比，宪政制度

主导了智利的政治转型。亚历山德里的上台和改革是在宪政框架内实现的，1924—1925年的军人干政属于违宪行为，但以宪政改革为政治目标。伊瓦涅斯没有实行1925年宪法所确立的民主制度，但却实践了这部宪法所提出的改革理念。1932年年底，智利正式实施1925年宪法所确立的民主制度，并一直持续到1973年，而同时期许多拉美国家受到民众威权主义或军人独裁的影响。上述现象的根源在于，智利在1833年就确立了宪政传统，没有发生其他拉美国家那样的考迪罗混战，其相对同质的种族文化结构也有助于宪政制度的稳定。

第三，具有妥协精神的智利政党体制基本形成。在早期现代化时期，拉美国家的政党体制发展滞后，尤其是政党之间的纷争远多于合作。而智利却在20世纪20年代就形成了左、中、右三派政党并存的格局，即代表工人阶级的共产党、代表中产阶级的激进党和代表上层权贵的各个保守政党。此后，智利的政党结构有所调整，但基于妥协精神的政党体制一直延续至今。其主要原因在于，智利具有宪政传统，宪法成为维系政党妥协精神的支柱。三派政党共同参加了1925年宪法的制定，并于1932年之后在宪政框架下共存和结盟。此外，智利新兴阶层的政党脱胎于传统政党，如激进党在20世纪初转型为中产阶级政党，民主党的左翼在1912年建立了社会主义工人党，增强了政党体制的包容性。

第四，智利的世俗化改革相对温和。在拉美国家的世俗化改革进程中，世俗权力与教权的对抗比较激烈，但智利通过相对温和的方式实现了政教分离。智利的世俗化改革废除了天主教会的民政管理特权和国教地位，但没有被剥夺教产，并尊重教会的独立地位，相应地减少了改革阻力。智利教会在20世纪初逐渐转向改良主义，通过关注底层民众和兴办教育的方式应对世俗化的冲击，而不再像19世纪那样固守反对世俗化改革的保守立场。1925年政教分离前，流亡在意大利的亚历山德里和罗马教廷进行了协商，时任圣地亚哥大主教的埃拉苏里斯安抚了反对新宪法的极端教士，使世俗化改革最终顺利完成。与国家分离后的智利教会在 20 世纪 30 年代之后推动经济和社会改革，并在军人独裁时期积极致力于保护人权和推动民主化进程，成为协调政党关系的重要社会力量。

　　总之，智利早期现代化既表现出与拉美其他主要国家早期现代化相一致的特点，同时又具有与众不同的特征。国家自主发展意识、宪政传统、具有妥协精神的政党体制、温和的改革思想等历史遗产一直影响至今，成为当前智利经济增长、政治稳定和社会发展所必不可少的因素。

参考文献

一、西班牙语原始文献

(一)人口普查资料

1. Comisión Central del Censo, *Memoria presentada al Supremo Gobierno por la Comisión Central del Censo*, Santiago de Chile: Imprenta Universo, 1908.

2. Dirección General de Estadística, *Censo de población de la República de Chile: levantado el 15 de diciembre de 1920*, Santiago de Chile: Sociedad Imprenta y Litografía Universo, 1925.

3. La Oficina Central de Estadística, *Noticia preliminar del Censo Jeneral de la República de Chile: levantado el 28 de noviembre de 1895*, Santiago de Chile: Imprenta i Encuadernación Barcelona, 1896.

4. La Oficina Central de Estadística, *Quinto Censo Jeneral de la Población de Chile: levantado el 19 de abril de 1875*, Valparaíso: Imprenta del Mercurio,

1876.

5. La Oficina Central de Estadística, *Resultados del X Censo de la Población : efectuado el 27 de noviembre de 1930 y estadísticas comparativas con Censos anteriores*, Volumen I – III, Santiago de Chile : Imprenta Universo, 1931–1935.

6. La Oficina Central de Estadística, *Sesto Censo Jeneral de la Población de Chile : levantado el 26 de noviembre de 1885*, Tomo I – II, Valparaíso : Imprenta de la Patria, 1889–1890.

7. La Oficina Central de Estadística, *Sétimo Censo Jeneral de la Población de Chile : levantado el 28 de noviembre de 1895*, Tomo I – IV, Santiago de Chile : Imprenta del Universo, 1900–1904.

(二)政府、政党和社会组织的文件

1. *Constitución de 1925*, http://www.bcn.cl/lc/cpolitica/1925.pdf.

2. *Constitution de la Republic de Chile, Jurada y promulgada el 25 de mayo de 1833*, Santiago de Chile : Imprenta de la Opinión, 1833.

3. El Cabildo de Santiago, *Actas del Cabildo de Santiago, 1541–1557*, Tomo I, Santiago de Chile : Imprenta del Ferrocarril, 1861.

4. El Partido Comunista de Chile, *Estatutos del Partido Comunista de Chile*, Santiago de Chile : Imprenta y Litografía "Antares", 192–?.

5. Ministerio de Bienestar Social, *La legislación social y la educación cívica*, Santiago de Chile, 1928.

6. Sagredo Baeza, Rafael y Eduardo Devés Valdés, ed., *Fuentes para historia de la Republica*, Volumen II, Santiago de Chile : Dirección de Bibliotecas, Archivos y Museos, 1991.

7. Sociedad de Fomento Fabril, *Chile:breves noticias de su industrias*, Santiago de Chile:Sociedad Imprenta y Litografía Universo, 1920.

二、西班牙语专著和编著

1. Aguirre Cerda, Pedro, *El problema agrario*, Santiago de Chile:Universidad de Chile, 1933.

2. Alessandri Palma, Arturo, *Recuerdos de gobierno:administración 1920–1925*, Santiago de Chile:Editorial Nascimento, 1967.

3. Aníbal Pinto Santa Cruz, *Chile:un caso de desarrollo frustrado*, Santiago de Chile:Editorial Universitaria, 1959.

4. Astorquiza, Octavio, Oscar Galleguillos V., *Cien años del carbón de Lota, 1852–septiembre–1952*, Santiago de Chile:Compañía Carbonífera e Industrial de Lota, 1952.

5. Barros Arana, Diego, *Historia general de Chile*, Santiago de Chile:Editorial Universitaria, 1999.

6. Bauer, Arnold J., *La sociedad rural chilena:desde la conquista española a nuestros días*, Santiago de Chile:Editorial Andres Bello, 1994.

7. Bengoa, José, *Haciendas y campesinos*, Santiago de Chile:Ediciones SUR, 1990.

8. Borde, Jean y Mario Góngora, *Evolución de la propiedad rural en el Valle de Puangue*, Tomo I, Santiago de Chile:Universitaria de Chile, 1956.

9. Braun, Juan, et al., *Economía chilena 1810–1995:estadísticas históricas*, Santiago de Chile:Pontificia Universidad Católica de Chile, 2000.

10. Bulnes, Gonzalo, *Guerra del Pacífico*, Tomo I–II, Valparaíso:Sociedad

Imprenta y Litografía Universo, 1911–1914.

11. Campos Harriet, Fernando, *Desarrollo educacional, 1810–1960*, Santiago de Chile: Editorial Andres Bello, 1960.

12. Campos Harriet, Fernando, *Historia Constitucional de Chile*, Santiago de Chile: Editorial Jurdica de Chile, 1956.

13. Campos Menendez, Alfonso, *Hacia una Política Preventiva de los Seguros Sociales*, memoria dc prucba para optar al grado de licenciado en la facultad de ciencias juridicas y sociales de la Universidad de Chile, Santiago de Chile, 1941.

14. Carlos Hurtado Ruiz–Tagle, *Concentración de población y desarrollo económico: el caso Chileno*, Santiago de Chile: Universidad de Chile, 1966.

15. Carmagnani, Marcello, *Desarrollo industrial y subdesarrollo económico: el caso chileno (1860–1920)*, Santiago de Chile: Dirección de Bibliotecas, Archivos y Museos, 1998.

16. Castedo, Leopoldo, *Chile: vida y muerte de la República Parlamentaria (De Balmaceda a Alessandri)*, Santiago de Chile: Editorial Sudamericana Chilena, 1999.

17. Corporación de Fomento de la Producción (CORFO), *Geografia economica de Chile*, Santiago de Chile, 1965.

18. De Ramón, Armando, *Santiago de Chile (1541–1991): historia de una sociedad urbana*, Santiago de Chile: Editorial Sudamericana, 2000.

19. De Salas, Manuel, *Escritos de Don Manuel de Salas y documentos relativos a él y a su familia*, Santiago de Chile: Imprenta Cervantes, 1910.

20. Devés, Eduardo y Carlos Díaz, ed., *El Pensamiento socialista en Chile: antología 1893–1933*, Santiago de Chile: América Latina Libros, 1987.

21. El Instituto de Historia de la Universidad Católica, *Valparaíso: 1536–1986*, Valparaíso: Ediciones Altazor, 1987.

22. Encina, Francisco Antonio, *Nuestra inferioridad económica: sus causas, sus consecuencias*, Qinta Edición, Santiago de Chile: Editorial Universitaria, 1981.

23. Estrada, Baldomero, ed., *Presencia italiana en Chile*, Valparaíso: Universidad Católica de Valparaíso, 1993.

24. Garrido, José, ed., *Historia de la reforma agraria en Chile*, Santiago de Chile: Editorial Universitaria, 1988.

25. Góngora, Mario, *Encomenderos y estancieros: estudios acerca de la constitución social aristocrática de Chile después de la conquista, 1580–1660*, Santiago de Chile: Universidad de Chile, 1970.

26. Góngora, Mario, *Ensayo histórico sobre la noción de Estado en Chile en los siglos XIX y XX*, Santiago de Chile: Ediciones La Ciudad, 1981.

27. Góngora, Mario, *Origen de los inquilinos de Chile Central*, Santiago de Chile: Universidad de Chile, 1960.

28. Greve, Ernesto, *Mensura general de tierras de Ginés de Lillo*, Santiago de Chile: Imprenta de Universitaria, 1941.

29. Grove, Marmaduke, *Reforma agraria*, Santiago de Chile: Departatmento de Publicaciones Secretaría Nacional de Cultura, 1939.

30. Hanisch, Walter, *Historia de la Compañía de Jesús en Chile(1593–1955)*, Santiago de Chile: Editorial Francisco de Aguirre, 1974.

31. Julio Heise González, *Historia de Chile: el período parlamentario, 1861–1925*, Santiago de Chile: Editorial Andrés Bello, 1982.

32. Labarca Hubertson, Amanda, *Historia de la enseñanza en Chile*, Santiago de Chile: Imprenta Universitaria, 1939.

33. Lavrin, Asunción, *Mujeres, Feminismo y cambio social en Argentina, Chile y Uruguay 1890-1940*, Traducción de María Teresa Escobar Budge, Santiago de Chile: Dirección de Bibliotecas Archivos y Museos, 2005.

34. Letelier, Valentín, *Las escuelas de Berlín: informe elevado al Supremo Gobierno por la Legación de Chile en Alemania*, Santiago de Chile: Imprenta Nacional, 1885.

35. Mac-Iver, Enrique, *Discurso sobre la crisis moral de la República*, Santiago de Chile: Imprenta Moderna, 1900.

36. Moulian, Tomás, *Concepción de la política e ideal moral en la prensa obrera: 1919-1922*, Santiago de Chile: Facultad Latinoamericana de Ciencias Sociales, 1987.

37. Necochea, Eugenio, *Memoria sobre el asesinato del Ministro Portales*, Santiago de Chile: Imprenta del Ferrocarril, 1874.

38. Olavarría Bravo, Arturo, *Chile entre dos Alessandri: memorias políticas*, Tomo I, Santiago de Chile: Editorial Nascimento, 1962.

39. Orrego Vicuña, Claudio, et al., *7 Ensayos sobre Arturo Alessandri Palma*, Santiago: Instituto Chileno de Estudios Humanísticos, 1979.

40. Ortega Martínez, Luis, *Chile en ruta al capitalismo: cambio, euforia y depresión 1850-1880*, Santiago de Chile: Dirección de Bibliotecas, Archivos y Museos, 2005.

41. Ortiz Letelier, Fernando, *El movimiento obrero en Chile (1891-1919)*, Santiago de Chile: LOM Ediciones, 2005.

42. Ossa, Carlos, *Historia del cine chileno*, Santiago de Chile: Quimantú, 1971.

43. Palacios, Nicolás, *Raza chilena: libro escrito por un chileno y para los chilenos*, Tomo I-II, Segunda Edición, Santiago de Chile: Editorial Chilena,

1918.

44. Peralta Vidal, *Gabriel, Historia económica y urbana de Osorno*, Osorno: lmpresur Ediciones, 1991.

45. Pinochet Le Brun, Tancredo, *La conquista de Chile en el siglo XX*, Santiago de Chile: La Ilustración, 1909.

46. Pinto Rodríguez, Jorge, *La formación del estado y la nación, y el pueblo mapuche: de la inclusión a la exclusion*, Segunda Edición, Santiago de Chile: Dirección de Bibliotecas, Archivos y Museos, 2003.

47. Pinto Vallejos, Julio y Ortega Martinez Luis, *Expansion minera y desarrollo industrial: un caso de crecimiento asociado (Chile 1850–914)*, Universidad de Santiago de Chile: Departamento de Historia, 1990.

48. Pérez Canto, Julio, *La Industria Nacional: descripciones i estudios de algunas fábricas de Chile publicados en el Boletín de la Sociedad de Fomento Fabril*, Santiago de Chile: Imprenta Cervantes, 1896.

49. Rinke, Stefan, *Cultura de masas, reforma y nacionalismo en Chile 1910–1931*, Santiago de Chile: Dirección de Bibliotecas, Archivos y Museos, 2002.

50. Rojas Flores, Jorge, *La dictadura de Ibañez y los sindicatos (1927–1931)*, Santiago de Chile: Dirección de Bibliotecas, Archivos y Museos, 1993.

51. Ross, Agustín, *Reseña histórica del comercio de Chile, durante la era colonial*, Santiago de Chile: Imprenta Cervantes, 1894.

52. Salazar Vergara, Gabriel, *Labradores, peones y proletarios: formación y crisis de la sociedad popular chilena del siglo XIX*, Santiago de Chile: Ediciones SUR, 1989.

53. Silva Castro, Raúl, *Ideas y confesiones de Portales*, Santiago de Chile: Editorial del Pacifico, 1954.

54. Subercaseaux, Bernardo, *Historia de las ideas y de la cultura en Chile*, Volumen Ⅰ, Santiago de Chile: Editorial Universitaria, 2011.

55. Sutter, Cariola, Carmen and Osvaldo Sunkel, *La historia económica de Chile, 1830-1930: dos ensayos y una bibliografia*, Madrid: Ediciones Cultura Hispánica del Instituto de Cooperación Iberoamericana, 1982.

56. Thayer Ojeda, Luis, *Elementos étnicos que han intervenido en la población de Chile*, Santiago de Chile: Litografía y Encuadernación "La Ilustración", 1919.

57. Vega, Alicia, *Re-visión del cine chileno*, Santiago de Chile: Editorial Aconcagua, 1979.

58. Venegas, Alejandro, *Sinceridad: Chile íntimo en 1910*, Santiago de Chile: Imprenta Universitaria, 1910.

59. Vos Eyzaguirre, Bárbara, *El surgimiento del paradigma industrializador en Chile, (1875-1900)*, Santiago de Chile: Dirección de Bibliotecas, Archivos y Museos, 1999.

三、西班牙语论文

1. Ballesteros, Marto, Desarrollo Agrícola Chileno, 1910-1955, *Cuadernos de Economía*, Vol.2, No.5, 1965.

2. Bernedo Pinto, Patricio, Los industriales alemanes de Valdivia, 1850-1914, *Historia*(Santiago), No.32, 1999.

3. Bernedo Pinto, Patricio, Prosperidad económica bajo Carlos Ibáñez del Campo: 1927-1929, *Historia*(Santiago), Vol.24, 1989.

4. Brahm Garcia, Enrique, El ejercito chileno y la industrializacion de la guerra, 1885-1930. revolucion de la tactica de acuerdo a los paradigmas eu-

ropeos, *Historia*(Santiago), Vol.34, 2001.

5. Calderón Agez, Julio, Historia de la industria ganadera en el territorio de Magallanes, *Boletín del Ministerio de Agricultura*, No.10, 1936.

6. Cariola, Vargas, Juan Eduardo, La sociedad de fomento fabril: 1883 – 1928, *Historia*(Santiago), No.13, 1976.

7. Cavieres, Eduardo, Anverso y reverso del liberalismo en chile, 1840 – 1930, *Historia*(Santiago), Vol.34, 2001.

8. Donoso, Aránguiz, Horacio y Cristián Rodríguez Salas, Tradicionalismo y cambio agrícola en Aconcagua: elementos para su comprensión, *Historia*(Santiago), Vol.29, 1995–1996.

9. Errázuriz, Tomás, El asalto de los motorizados: El transporte moderno y la crisis del tránsito público en Santiago, 1900 – 1927, *Historia* (Santiago), Vol.43, No.2, 2010.

10. Guajardo Soto, Guillermo, Cambios tecnológicos y proyectos económicos en las Fuerzas Armadas de Chile, 1860 – 1930, *Historia* (Santiago), Vol.41, No. 2, 2008.

11. Ibáñez Santa María, Adolfo, Los ingenieros, el Estado y la política en Chile: del Ministerio de Fomento a la Corporación de Fomento, 1927 – 1939, *Historia*(Santiago), Vol.18, 1983.

12. Luis Ortega Martínez, Acerca de los orígenes de la industrialización chilena, 1860–1879, *Nueva Historia*, Vol.1, No.2, 1981.

13. Martínez Rodríguez, Gerardo, Causas de la Gran Depresión de los a?os treinta: aportes recientes, *Revista universitaria*, No.9, 1983.

14. Ortega, Luis, Los empresarios, la política y los orígenes de la Guerra del Pacífico, *Programa FLACSO–Santiago de Chile*, No.24, Abril de 1984.

15. Palma, Gabriel, Chile 1914−1935: De economia exportadore a sustituti-va de importaciones, *Colección Estudios CIEPLAN*, No.81, Marzo de 1984.

16. Sanfuentes, Andrés, La deuda pública externa de Chile entre 1818 y 1935, *Notas Tecnicas CIEPLAN*, No.96, Marzo de 1987.

17. Venegas Valdebenito, Hernán, Crisis económica y conflictos sociales y políticos en la zona carbonífera, 1918−1931, *Contribuciones Científicas y Tecnológicas*, No.116, Noviembre de 1997.

四、英语专著和编著

1. Albert, Bill, *South America and the First World War: The Impact of the War on Brazil, Argentina, Peru and Chile*, New York: Cambridge University Press, 1988.

2. Bethell, Leslie, ed., *Chile since Independence*, New York: Cambridge University Press. 1993.

3. Collier, Simon and William F. Sater, *A History of Chile, 1808−2002*, Second Edition, New York: Cambridge University Press, 2004.

4. Collier, Simon, Chile: *The Making of a Republic, 1830−1865: Politics and Ideas*, New York: Cambridge University Press, 2003.

5. Conniff, Michael L., *Populism in Latin America*, Tuscaloosa: University of Alabama Press, 1999.

6. Drake, Paul W., *Socialism and Populism in Chile, 1932−52*, Urbana: University of Illinois Press, 1978.

7. Duncan, Kenneth and Ian Rutledge, eds., *Land and Labour in Latin America: Essays on the Development of Agrarian Capitalism in the Nineteenth*

and Twentieth Centuries, New York: Cambridge University Press, 1977.

8. ECLA, *Economic Survey of Latin America 1949*, New York, 1951.

9. Edmundson, William, *A History of the British Presence in Chile*, New York: Palgrave Macmillan, 2009.

10. Ellsworth, P. T., *Chile: an Economy in Transition*, New York: The Macmillan Co., 1945.

11. Faúndez, Juilo, *Marxism and Democracy in Chile: from 1932 to the Fall of Allende*, New Haven: Yale University Press, 1988.

12. Fowler, Will, ed., *Authoritarianism in Latin America since Independence*, Westport: Greenwood Press, 1996.

13. Frank, Andre Gunder, *Capitalism and Underdevelopment in Latin America: Historical Studies of Chile and Brazil*, New York: Monthly Review Press, 1967.

14. Henry W. Kirsch, *Industrial Development in a Traditional Society: the Conflict of Entrepreneurship and Modernization in Chile*, Gainesville: University Press of Florida, 1977.

15. Loveman, Brian, Chile: *The Legacy of Hispanic Capitalism*, Second Edition, New York: Oxford University Press, 2001.

16. Loveman, Brian, *Struggle in the Countryside: Politics and Rural Labor in Chile, 1919–1973*, Bloomington: Indiana University Press, 1976.

17. Mamalakis, Markos J., *The Growth and Structure of the Chilean Economy: from Independence to Allende*, New Haven: Yale University Press, 1976.

18. Martland, Samuel Jefferson, *Constructing Valparaiso: Infrastructure and the politics of progress in Chile's port, 1842–1918*, Unpublished Ph.D. Dissertation, University of Illinois, 2003.

19. McBride, George McCutchen, *Chile: Land and Society*, New York: American

can Geographical Society, 1936.

20. Monteón, Michael, *Chile and the Great Depression: The Politics of Underdevelopment, 1927–1948*, Tempe: Center for Latin American Studies Press of Arizona State University, 1998.

21. Munslow, Barry and Henry Finch, eds., *Proletarianization in the Third World: Studies in the Creation of a Labour Force Under Dependent Capitalism*, London: Routledge Kegan & Paul, 1984.

22. Pike, Fredrick B., *Chile and the United States, 1880–1962: The Emergence of Chile's Social Crisis and the Challenge to United States Diplomacy*, University of Notre Dame Press. 1963.

23. Sater, William F., *Chile and the War of the Pacific*, Lincoln: University of Nebraska Press, 1986.

24. Subercaseaux, Guillermo, *Monetary and Banking Policy of Chile*, Oxford: Clarendon Press, 1922.

25. Thorp, Rosemary, *An Economic History of Twentieth –Century Latin America, Volume II: Latin America in the 1930s: The Role of the Periphery in World Crisis*, New York: Palgrave Macmillan, 2000.

五、英语论文

1. Abreu, Marcelo de Paiva, Foreign Debt Policies in South America, 1929–1945, *Brazilian Journal of Political Economy*, Vol.20, No.3, 2000.

2. Bauer, Arnold J., Chilean Rural Labor in the Nineteenth Century, *The American Historical Review*, Vol.76, No.4, Oct., 1971.

3. Bauer, Arnold J., The Hacienda El Huique in the Agrarian Structure of

Nineteenth-Century Chile, *Agricultural History*, Vol.46, No.4, Oct., 1972.

4. Blakemore, Harold, The Chilean Revolution of 1891 and Its Historiography, *The Hispanic American Historical Review*, Vol.45, No.3, Aug., 1965.

5. Davis, Tom E., Eight Decades of Inflation in Chile, 1879–1959: A Political Interpretation, *The Journal of Political Economy*, Vol.71, No.4, Aug., 1963.

6. Glaser –Schmidt, Elisabeth, The Guggenheims and the Coming of the Great Depression in Chile, 1923–1934. *Business and Economic History*, Vol.24, No.1, Fall, 1995.

7. Góngora, Mario, Urban Social Stratification in Colonial Chile, *The Hispanic American Historical Review*, Vol.55, No.3, Aug., 1975.

8. J. Fred and Jack Pfeiffer, Notes on the Dawn of Manufacturing in Chile, *The Hispanic American Historical Review*, Vol.28, No.2, May, 1948.

9. Martland, Samuel J., Progress Illuminating the World: Street Lighting in Santiago, Valparaíso and La Plata, 1840–1890, *Urban History*, Vol.29, No.2, 2002.

10. Oppenheimer, Robert, National Capital and National Development: Financing Chile's Central Valley Railroads, *The Business History Review*, Vol. 56, No.1, Spring 1982.

11. Padden, Robert Charles, Cultural Adaptation and Militant Autonomy a mong the Araucanians of Chile, in John E. Kicza, ed., *The Indian in Latin American History: Resistance, Resilience, and Acculturation*, Wilmington: SR Books, 2004.

12. Phelps, D. M., Industrial Expansion in Temperate South Americ", *The American Economic Review*, Vol.25, No.2, Jun., 1935.

13. Silva, Patricio, State, Public Technocracy and Politics in Chile, 1927 – 1941, *Bulletin of Latin American Research*, Vol.13, No.3, Sep., 1994.

14. Will,Robert M.,The Introduction of Classical Economics into Chile, *The Hispanic American Historical Review*,Vol.44,No.1,Feb.,1964.

15. Wright,Thomas C.,Agriculture and Protectionism in Chile,1880–1930, *Journal of Latin American Studies*,Vol.7,No.1,May,1975.

16. Young,George F. W.,Bernardo Philippi,Initiator of German Colonization in Chile,*The Hispanic American Historical Review*,Vol.51,No.3,Aug.,1971.

六、中文著作

1.《马克思恩格斯选集》(第一卷),人民出版社,1995年。

2. [巴]塞尔索·富尔塔多:《拉丁美洲经济的发展:从西班牙征服到古巴革命》,徐世澄等译,译文出版社,1981年。

3. 韩琦:《拉丁美洲经济制度史论》,中国社会科学出版社,1996年。

4. 韩琦主编:《世界现代化进程》(拉美卷),江苏人民出版社,2010年。

5. 李春辉:《拉丁美洲史稿》,商务印书馆,1983年。

6. 刘润忠:《社会行动·社会系统·社会控制——塔尔科特·帕森斯社会理论述评》,天津人民出版社,2005年。

7. 陆国俊、金计初主编:《拉丁美洲资本主义发展》,人民出版社,1997年。

8. 罗荣渠:《现代化新论——世界与中国的现代化进程》,商务印书馆,2004年。

9. 罗荣渠主编:《各国现代化比较研究》,陕西人民出版社,1993年。

10. [美]E.布拉德福德·伯恩斯、朱莉·阿·查利普:《简明拉丁美洲史》,王宁坤译,世界图书出版公司,2009年。

11. [美]塞缪尔·亨廷顿等:《现代化:理论与历史经验的再探讨》,罗荣渠主编,上海译文出版社,1993年。

12. [美]塔尔科特·帕森斯:《社会行动的结构》,张明德等译,译林出版社,2003年。

13. [美]西里尔·E.布莱克:《比较现代化》,杨豫、陈祖洲译,译文出版社,1981年。

14. [美]约翰·L.雷克特:《智利史》,郝名玮译,中国大百科全书出版社,2009年。

15. 苏振兴、徐文渊主编:《拉丁美洲经济发展战略研究》,北京大学出版社,1987年。

16. 苏振兴主编:《拉美国家现代化进程研究》,社会科学文献出版社,2006年。

17. 童星:《发展社会学与中国现代化》,社会科学文献出版社,2005年。

18. 吴洪英:《巴西现代化进程透视——历史与现实》,时事出版社,2001年。

19. 谢立中、孙立平主编:《二十世纪西方现代化理论文选》,上海三联书店,2002年。

20. [英]哈罗德·布莱克莫尔、克利福德·T.史密斯编:《拉丁美洲地理透视》,复旦大学历史系拉美研究室、上海师范大学地理系译,上海译文出版社,1980年。

21. [英]莱斯利·贝瑟尔主编:《剑桥拉丁美洲史》(第三卷),徐守源等译,社会科学文献出版社,1994年。

22. [英]莱斯利·贝瑟尔主编:《剑桥拉丁美洲史》(第四卷),涂光楠等译,社会科学文献出版社,1991年。

23. [英]莱斯利·贝瑟尔主编:《剑桥拉丁美洲史》(第五卷),胡毓鼎等译,社会科学文献出版社,1992年。

24. [英]维克托·布尔默-托马斯:《独立以来拉丁美洲的经济发展》,张凡等译,中国经济出版社,2000年。

25. 张宝宇:《巴西现代化研究》,世界知识出版社,2002年。

26. [智利]路易斯·加尔达梅斯著、[美]J.考克斯编:《智利史》,辽宁大学历史系译,辽宁人民出版社,1975年。

27. 祝文驰、毛相麟、李克明:《拉美的共产主义运动》,当代世界出版社,2002年。

七、中文论文

1. 董国辉:《初级产品出口与阿根廷的早期现代化——拉美独立运动爆发200周年的反思》,《世界历史》,2011年第4期。

2. 韩琦、胡慧芳:《智利硝石业的发展与早期现代化》,《世界历史》,2010年第1期。

3. 韩琦:《拉丁美洲的早期工业化》(上),《拉丁美洲研究》,2002年第6期。

4. 韩琦:《拉丁美洲的早期工业化》(下),《拉丁美洲研究》,2003年第1期。

5. 林被甸:《拉丁美洲国家的早期工业化——外源性现代化道路实例研究》,《现代化研究》,2003年9月。

6. 苏振兴:《拉美初级产品出口模式及其影响》,《拉丁美洲研究》,1994年第6期。

7. 王萍:《哥伦比亚咖啡经济与早期工业化》,《世界历史》,2008年第3期。

后 记

本书是我于 2013 年在南开大学完成的博士学位论文，见证了我在南开十年的学习生涯。时间已经过去六年多了，在本书付梓之际，我要向给予我关心和帮助的老师、长辈、朋友和家人致以诚挚的谢意！

感谢我的博士生导师韩琦教授！韩老师总是鼓励我"要把拉美研究当成一项事业来做"，告诫我"要踏踏实实从事拉美研究"，悉心指导论文的选题、写作、修改和定稿。感谢我的硕士生导师董国辉教授！董老师指导我学习了拉美研究的基础知识和学术规范，鼓励我进行独立思考。

感谢南开大学历史学院的其他老师！我在本科时主要涉猎世界古代史，王敦书先生、哈全安教授、杨巨平教授、王以欣教授和叶民副教授曾给予我宝贵的指导，使我掌握了史学研究的基本方法。肖玉秋教授、孙立群教授、付成双教授、杨令侠教授、丁见民教授、王黎教授等众多老师也曾在学业上给予我很多帮助。我在历史学院教学办公室做了五年助理管理员，在李明玉老师和王金连老师的指导下，提高了实践能力，增强了责任意识。

感谢国内拉美学界的老先生和中青年学者！郝名玮先生一直鼓励我进行美洲古代文明研究，向我讲授了历史研究和外文翻译的心得。张森根先生、曾昭耀先生、徐世澄先生、苏振兴先生、林被甸先生的真知灼见和学术著作对我的学习帮助很大。在拉美史研究会的学术活动中,我受到了吴洪英研究员、江时学研究员、董经胜教授、王文仙研究员、刘维广研究员等中青年学者的启发。

感谢我的朋友和家人!贺喜师兄待人热情,在学习和工作中给予我很多帮助,袁艳、王慧芝、宋欣欣等同门也曾在学业上给予我帮助。父母、妻子、岳父岳母等家人一直关心和支持我,并为我分担生活的辛苦。

本书的出版得到了天津外国语大学国际关系学院领导的支持,天津人民出版社编辑付出了辛勤劳动,在此一并表示感谢!

曹龙兴书于虚静斋

2019 年 8 月

青年学者文库书系书目